Auschwitz Graffiti

DU MÊME AUTEUR

L'Arbre colérique – Journal de Cracovie 1976-1986
(La Découverte, 1987, épuisé)

Retour de Lémurie,
(François Bourin, 1993,
disponible aux Éditions Julliard)

Le Général et son double – De Gaulle écrivain,
(Flammarion, 1996)

Adrien Le Bihan

Auschwitz Graffiti

Librio

Texte intégral

Une certaine dose de rhétorique est peut-être indispensable afin que le souvenir demeure […]. Mais il faut se garder des simplifications excessives.

Primo LEVI

J'abomine les plagiaires d'épitaphes.

Ramón GÓMEZ DE LA SERNA

PRÉFACE

« Méfiez-vous des livres d'or ! » Cette maxime, dont je serais bien incapable de désigner l'auteur ou les auteurs, est assurément justifiée. Quand ai-je pris conscience du fait que cette méfiance était frappée au coin du bon sens ? C'était pendant l'été 1952. Encore très jeune homme, en compagnie de ma très jeune femme, je faisais ce qu'il est convenu d'appeler un voyage initiatique dans une Grèce à peine sortie de la guerre civile qui y fut particulièrement sanglante. Mycènes était une des étapes de ce voyage. Heinrich Schliemann y avait découvert des tombes qui justifiaient l'épithète homérique : « riche en or ».

Entre Homère et Euripide, beaucoup d'imaginaire épique et tragique s'était concentré sur ce lieu. Bien plus tard, au IIe siècle de notre ère, Pausanias, auteur d'un guide touristique à l'usage des voyageurs romains lisant le grec, avait décrit ce qui restait, de son temps, de cet endroit fameux. Bien sûr, on n'y avait pas retrouvé, comme le croira Schliemann, le squelette et le masque d'Agamemnon, ni le tombeau d'aucun des Atrides, mais il y avait des objets, transférés à Athènes, des stèles, des murs, des portes et des tombeaux que ni Homère ni Eschyle n'avaient jamais vus, et qui ont alimenté les rêves et les études de plusieurs générations d'archéologues et de touristes.

À l'usage de ces derniers, un hôtel avait été construit : il s'appelait *Hôtel de la belle Hélène du roi Ménélas*, et cet hôtel avait, comme il se doit, un livre d'or. Les propriétaires de l'établissement se voulaient eux-mêmes mémoires vivantes de l'épopée et de la tragédie puisque, de père en fils et depuis plusieurs générations, ils se prénommaient Agamemnon et Oreste. Je n'ai pas le souvenir détaillé de ce qu'avaient écrit les nombreux voyageurs qui m'avaient précédé, mais il s'agissait en gros de deux thèmes entrelacés : le caractère paisible de ces lieux et le contraste évident qu'ils formaient avec l'histoire sanglante des Atrides, qui étaient supposés avoir habité le palais de Mycènes.

1952 n'est pas une année indifférente dans l'histoire de Mycènes. C'est cette année-là qu'un jeune architecte anglais, Michael Ventris, avait déchiffré une des écritures mycéniennes, celle que nous appelons le linéaire B, et prouvé qu'elle notait du grec et cela plusieurs siècles avant Homère. Cette même année, il avait persuadé un helléniste de profession, John Chadwick, que sa démonstration était bien la bonne. Le public savant en sera avisé en 1953. Quant à l'inventeur génial, il mourra accidentellement en 1956. Comme le disaient les anciens : « Ceux qu'aiment les dieux meurent jeunes. »

Est-ce en 1952 ou est-ce plus tard, à l'occasion d'un second voyage dans le Péloponnèse, en 1960, que je remarquai, au milieu des torrents d'éloquence baroque qui avaient déferlé sur le livre d'or de l'hôtel, cette simple signature, pas même suivie d'un paraphe : « Michael Ventris » ? Je ne sais, mais je constate, à la lecture du livre d'Adrien Le Bihan, *Auschwitz Graffiti*, que ceux qui se sont contentés de mettre leur nom sur le « livre d'or » d'Auschwitz ont eu de la chance : ils ont ainsi échappé à la griffe vengeresse de cet écrivain voyageur. Un mot tout de même au sujet du titre. On désigne d'habitude par « graffiti » les inscriptions griffonnées à la hâte sur un mur ou sur une vespasienne. En désignant par ce mot les inscriptions manuscrites sur le « livre d'or » d'Auschwitz, Adrien Le Bihan les disqualifie et il a raison.

J'ai connu Adrien Le Bihan en 1983 dans ce qui était alors la Yougoslavie, à Zagreb. J'y parlais de l'Affaire Dreyfus et il représentait la culture française dans la capitale de la Croatie. Cette rencontre me frappa car j'eus le sentiment de me trouver devant un authentique écrivain, c'est-à-dire un homme soucieux des rapports qui s'établissent entre les mots, et entre les mots et les choses. Les livres de lui que j'ai lus depuis, essentiellement *l'Arbre colérique : Journal de Cracovie 1976-1986* et *Retour de Lémurie*, compte rendu sans agressivité d'un séjour à Madagascar, n'ont fait que confirmer cette impression. Adrien Le Bihan est un voyageur distancié, un homme suffisamment présent au monde, à l'histoire, à l'écriture, pour savoir que mieux vaut ne pas écrire n'importe quoi sur l'album d'Auschwitz.

Quelques mots de commentaire ne seront pas inutiles. Auschwitz n'est pas n'importe quel lieu ; il ne faut pas le confondre avec la petite ville polonaise d'Oswiecim qui jouxte le camp devenu un musée national et même un site inscrit au « Patrimoine de l'humanité ». La plupart des visiteurs savent que ce musée fut un lieu de mort, pour des Juifs qui fournirent, si je puis dire, la grande majorité des victimes, mais aussi pour des Tsiganes, des Polonais, des Soviétiques. Là, entre 1942 et 1944, on gaza des êtres humains. Certes, d'autres lieux furent le théâtre de tels crimes, mais Auschwitz était à la fois un endroit où l'on travaillait, une gigantesque usine, et un espace où l'on tuait des hommes, des femmes, des enfants à leur descente du train, et c'est cette coexistence du travail et de la mort qui fait la spécificité d'Auschwitz (et, secondairement, de Majdanek).

Ne chipotons pas sur les chiffres : il y eut, dans l'estimation la plus basse, des centaines de milliers de gazés venus de toute l'Europe. Ce n'est pas un hasard si la petite bande abjecte qui a entrepris de nier ces crimes a choisi de s'acharner sur Auschwitz et de négliger ces lieux du crime à l'état pur que sont Treblinka, Sobibor ou Chelmno. Des hommes ont survécu en nombre à Auschwitz. Ils se souviennent qu'ils y ont côtoyé la mort.

Le « livre d'or » d'Auschwitz est un « livre du souvenir ». Ce titre n'a pas été choisi au hasard. Depuis le Moyen Âge, les communautés juives se dotent de tels livres, qui commémorent entre autres les persécutions dont elles ont été victimes. Des livres du souvenir ont été également reconstitués en Israël par les survivants. « On donne la parole à tout le monde. Avoir vécu dans une communauté, être rescapé du génocide, suffit à légitimer l'écrit et la parole. »[1] Reste pourtant que le Livre du souvenir d'Auschwitz, qui fait son apparition dans la Pologne communiste de 1946 et que l'auteur du présent ouvrage suit de 1967 à 1996, n'a précisément pas été écrit par des survivants, à de rarissimes exceptions près. Adrien Le Bihan a recueilli les propos des chefs d'État ou de gouvernement, de Charles de Gaulle à Fidel Castro et à Helmut Kohl, en passant par François Mitterrand et George Bush, et ceux des touristes en provenance des « démocraties populaires ».

---

1. Je cite la présentation, par Annette Wieviorka et Itzhak Niborski, de leur ouvrage *les Livres du souvenir. Mémoriaux juifs de Pologne*, collection Archives, Gallimard, 1983.

Tous sont passés au crible d'une analyse féroce et limpide. Charles de Gaulle est un des rares hommes politiques à échapper à la critique :

> « *À Auschwitz,*
> *quelle tristesse !*
> *quel dégoût ! et, malgré tout,*
> *quelle espérance humaine !* »

Ce petit texte a souvent été défiguré, et même Alain Peyrefitte, dans le troisième volume de son *C'était de Gaulle*, ne le donne pas intégralement. Fidel Castro y va de son couplet contre l'impérialisme et le capitalisme, le général Moczar, grand antisémite polonais, oublie qui étaient les victimes, en dehors des Polonais, et Jacques Chaban-Delmas est simplement ridicule. Ici ou là je ne suis pas obligatoirement d'accord avec tout ce qu'écrit Adrien Le Bihan ; il m'arrive de le trouver injuste (pour Vercors par exemple) et de prendre en pitié ces visiteurs sommés d'écrire sans avoir le temps de penser, et qui se prennent parfois, tel le roi Baudouin de Belgique, pour des religieux.

Tout le monde n'est pas écrivain, et en lisant telle formule maladroite ou stupide, il m'est arrivé de penser à ces paroles de René Char, écrites par lui en 1948 sur mon exemplaire de *Seuls demeurent* : « D'une terre où les mots n'osent plus aborder. » Et pourtant il faut qu'ils y aillent, non pas pour « attendre et espérer », comme l'a écrit Giscard d'Estaing en se souvenant peut-être de la dernière phrase du *Comte de Monte-Cristo*, mais pour essayer de comprendre, même l'incompréhensible, parce que l'homme est un animal qui se doit de comprendre et de parler. Merci à Adrien Le Bihan de nous l'avoir amèrement rappelé.

Pierre VIDAL-NAQUET

Un jour du printemps 1996, le consul général m'annonça avec embarras, car à juste titre il craignait de fournir à ma plume des prétextes d'insolence, que le président de la République française, M. Jacques Chirac, en voyage officiel en Pologne, nous ferait visite à Cracovie et, de là, se rendrait à Oswiecim.

Tous les présidents de la Ve République française, à l'exception de Georges Pompidou, firent au moins un voyage officiel en Pologne, où il est de tradition que toute espèce de dirigeant occidental, en tournée pour la première fois, fasse un détour par Oswiecim (plus connu hors de Pologne sous son nom allemand d'Auschwitz) afin d'y parcourir, sous bonne escorte, les anciens camps.

Depuis longtemps, je suis un familier de la haute Silésie et de cette petite ville à soixante kilomètres de Cracovie, à égale distance de Czestochowa et de Zakopane. D'habitude, le voyageur accède aux camps sans la traverser, en suivant la rive gauche et basse de la Sola, petit affluent de la proche Vistule. La Sola, en effet, sépare très nettement le côté quelque peu surélevé du noyau urbain et le côté marécageux et humide des camps. L'observateur le moins attentif ne manquera pas d'être frappé que la gare ferroviaire et la majorité des cinq ou six hôtels se trouvent sur la rive gauche, assez loin du centre-ville pour que les touristes soient dissuadés de marcher jusqu'à la grand-place. Les habitants d'Oswiecim souffrent de ce manque d'intérêt qui frise parfois le dédain, sinon la réprobation. Les touristes étrangers, surtout les plus fortunés, en provenance des États-Unis, d'Israël ou du Japon, préfèrent de beaucoup dormir et prendre leurs repas à Cracovie plutôt qu'à Oswiecim. Après avoir visité les camps, ils éprouvent le désir de jeter aussi un œil, à Cracovie, sur la célèbre Halle aux draps, sur le château royal du Wawel ainsi que sur Kazimierz, le quartier juif en pleine rénovation, où les attendent des synagogues, un musée, un centre de culture juive et deux ou trois restaurants qui longtemps se sont disputé le nom d'Ariel. Le circuit régional minimal que les agences proposent aux visiteurs comprend la vieille ville de Cracovie, les anciennes mines de sel de Wieliczka, et Auschwitz. Ainsi est conféré aux mines de sel une sorte de statut intermédiaire entre l'art et le travail forcé. Dans les dernières pages d'un guide récent de Cracovie, édité en France, je vis Auschwitz catalogué parmi les « escapades hors les murs ». Sur la vitre d'un taxi garé devant l'hôtel Polonia, je lus : « À Auschwitz, vite et bon marché ».

* *
*

Il déplaît aux Polonais que cette localité soit connue à l'étranger sous ce nom. Avant la Deuxième Guerre mondiale, à la différence de Wroclaw et d'Opole, elle n'avait jamais été allemande. Après les invasions allemande et soviétique, presque simultanées, de 1939, la part de la Pologne occupée par les Allemands fut divisée en deux zones : l'une, annexée au IIIe Reich ; l'autre, organisée autour de Cracovie en un Gouvernement général. Oswiecim se trouva incorporé au IIIe Reich. La décision d'y créer un camp fut prise par Himmler, le 27 avril 1940. Ce choix s'expliquait par l'intensification de la résistance polonaise en haute Silésie, où les prisons ne suffisaient plus à contenir les prisonniers polonais, et par la présence à Oswiecim d'une ancienne caserne et de voies ferrées reliant la ville à toute la Silésie et à Cracovie. Ce camp de travail *(Arbeitslager)* et d'extermination devint progressivement un archipel comprenant les camps principaux d'Auschwitz I (le « camp mère ») et d'Auschwitz II-Birkenau, et un nombre variable de camps annexes, parfois très éloignés.

L'archipel compta bientôt beaucoup plus d'habitants qu'Oswiecim n'en eut et n'en aura peut-être jamais. En août 1944, le nombre total de ses prisonniers dépassa cent trente cinq mille. Nombre immense, et pourtant infime si on le compare au million à un million et demi de victimes que firent là les exterminations.

Le plan de la commune d'Oswiecim indique : « Musée national d'Oswiecim sur l'emplacement de l'ancien camp de concentration hitlérien d'Auschwitz-Birkenau». On trouve aussi «musée d'Auschwitz-Birkenau à Oswiecim». De ces différentes manières, est consacrée la distinction entre l'ancienne petite ville polonaise (aujourd'hui quarante à cinquante mille habitants) et les sinistres lieux de visite.

Une loi du 2 juillet 1947, alors que la Pologne était déjà vassale de l'U.R.S.S., décida la création du musée. Plus tard, le gouvernement communiste polonais affecta des baraques à chaque nationalité, essayant ainsi de dissimuler que l'immense majorité des prisonniers étaient juifs.

Un Livre est parfois présenté aux visiteurs. Les plus éminents ne résistent pas à la tentation d'y inscrire quelques mots, d'y apposer ne serait-ce que leur signature.

* *
*

Quelques semaines avant la visite de Jacques Chirac, un diplomate me téléphona de Varsovie pour un petit service qui ne correspondait en rien à mes attributions. Il s'agissait de relever dans ce qu'il appelait le Livre d'or d'Auschwitz, bien que l'expression polonaise «Livre du souvenir» soit préférable, les inscriptions des chefs d'État et de gouvernement français qui s'étaient rendus là précédemment et d'en communiquer les textes à l'ambassade, qui les transmettrait à Paris au ministère des Affaires étrangères, lequel les ferait connaître à l'Élysée. D'où venaient les instructions? Je l'ignore. Un personnage du ministère ou de l'Élysée désirait sans doute que Chirac prît connaissance des graffiti de ses prédécesseurs afin de s'en inspirer pour écrire autre chose. J'acceptai l'officieuse mission diplomatique et littéraire que l'on me proposait. Qui aurait pu prévoir les surprises qui m'attendaient dans un Livre dont je serais, selon toute vraisemblance, un des premiers lecteurs?

Le 3 juin 1996, je me présentai avec un cahier et un stylo aux archives du musée d'Oswiecim, logées dans un bâtiment retapé de l'ancien camp d'Auschwitz-I. Au premier étage, dans une petite pièce où deux personnes travaillaient en silence, une bibliothécaire déposa sur ma table un volume du précieux Livre, lequel est constitué de gros albums dont le dernier, aussi longtemps que toutes ses épaisses pages blanches de vingt-quatre centimètres sur trente n'ont pas été remplies, demeure dans le local des gardiens, plus proche du public.

* *
*

Un livre, d'habitude, comporte un auteur, rarement deux, et suppose, sinon beaucoup de lecteurs, du moins un certain nombre. Le Livre du souvenir d'Auschwitz, comme tous les recueils de ce genre, compte au contraire beaucoup d'auteurs et n'est lu par personne, à l'exception, sans doute, quand ils ont le temps, de la responsable des archives et du directeur du musée. Il est possible que le ministère polonais des Affaires étrangères, voire le ministère de l'Intérieur et les services du contre-espionnage, s'en fassent communiquer régulièrement des extraits, mais ce ne sont pas là des lecteurs au sens que l'on prête d'ordinaire à ce mot.

Sous le communisme, l'aspect artisanal de ce Livre aux photos désuètes, en noir et blanc, accompagnées de légendes parfois trompeuses, car rajoutées à des dates diverses, les personnages que l'on croirait sortis d'un cornet à dés, en dépit d'une chronologie conforme à nos souvenirs, quoique légèrement retouchée, les inconnus sur les photos, passés à la postérité sans leur nom, tout cela donne l'impression, accentuée par le calme de la bibliothèque, d'une agitation confuse.

Dans la phase postérieure au communisme, le Livre d'Auschwitz se veut moins brouillon, plus marmoréen. Expulsés les scouts et les représentants des partis communistes frères ; mais on garde les inconnus, on accueille des franciscains, on ouvre la voie au Dalaï-Lama. La cohue s'ordonne. La piété se fait plus voyante.

Évidemment, de ces gros volumes, je sautai maintes pages fastidieuses. J'en parcourus plus que je n'en lus, quelquefois distraitement ou de mauvaise humeur. J'envie les historiens, mais je n'appartiens pas à leur confrérie. Question de tempérament. Vous connaissez la formule de Borges : « Une préface, quand elle est réussie, n'est pas une manière de toast ; c'est une forme latérale de la critique. » J'éprouve un irrésistible attrait pour ces formes latérales. J'ai un penchant pour l'histoire vue de biais. Un photographe qui prend une photo, je le photographie. Un gouvernant, un artiste, qui jouent à l'écrivain, je collecte leurs productions. Dois-je battre ma coulpe si je fus entraîné vers Auschwitz par mon goût de ces genres littéraires peu fréquentés que sont les épitaphes, les stèles, les préfaces et les graffiti ?

Hétéroclite registre, le Livre contient des signatures, des commentaires, des gloses, des sentences, des citations d'auteurs plus ou moins connus du grand public (plutôt moins), des protestations indignées. Plus qu'un simple répertoire, c'est une conjuration, un recueil d'exorcismes destinés presque tous, en fustigeant les démons d'un récent passé, à empêcher, ou du moins à contrarier, leur retour.

Je comptais ne recopier, comme on le souhaitait en haut lieu, que les inscriptions de hauts responsables français ; mais, une fois attablé, je débordai le cadre du sujet pour récolter, aussi fidèlement que je le pus, d'autres écrits que j'estimai surprenants d'originalité ou de platitude, ou qui présentaient un piquant mélange des deux. Ce que les gens célèbres, ou leurs imitateurs, écrivent dans de graves circonstances, livrés à eux-mêmes et à leur langage intérieur, le plus souvent ignoré de nous, est susceptible, même si ces propos d'un jour ont été longuement mûris et préparés par des collaborateurs dévoués, de nous renseigner beaucoup sur eux, ainsi que sur nous qui subissons, bon gré mal gré, leur influence et celle des événements au travers desquels leur personnalité s'affirme ou s'effiloche. Ces gens-là, d'habitude, ce ne sont pas leurs discours patiemment élaborés, leurs interviews remâchées, leurs conférences de presse faussement impromptues qui nous les dévoilent. Après une visite propre à saisir d'effroi les plus endurcis d'entre eux, les déclarations auxquelles ils consentent, à regret ou sans tergiverser, me paraissent irremplaçables. Je les affectionne autant que leurs lapsus. Comment ils les écrivent n'est pas sans intérêt non plus. Là, je ne considère pas seulement le style des personnages. Je pense au Livre du souvenir dans sa matérialité, à la succession des vedettes, aux voisinages inattendus (tel roi suivi d'une actrice à laquelle, peut-être, il était loin de songer), au nombre de pages et de photos accordées à chacun.

Claude Lanzmann, en avant-propos à *Shoah*, transcription du film du même nom, y fait observer l'importance des sous-titres dont la vie brève sur l'écran devient sur le papier inscription immuable. Le Livre du souvenir d'Auschwitz, lorsque je le revois en pensée, m'apparaît composé de sous-titres pour des images défuntes, celles par quoi les visiteurs se sont représenté les horreurs du camp d'extermination. Malheureusement, de ces sous-titres aux images qui les ont provoqués, nul n'aura jamais le pouvoir de remonter, pas même les furtifs auteurs des inscriptions que je nomme graffiti.

Ce mot, je ne l'ai choisi ni par provocation ni par mépris des signataires. Le lecteur vérifiera bientôt que leurs griffonnages sont aussi imprévus ou conventionnels que des graffiti sur des murailles. Denys Riout classe les inscriptions hâtives ainsi nommées en « commentaires personnels, alarmants ou poétiques, dévergondés parfois, souvent irrespectueux » qui « accompagnent le texte officiel, sans doute depuis son origine ». Le Livre d'Auschwitz n'appelle pas, sur les graffiti qui le composent, tous ces qualificatifs. Il nous offre des commentaires personnels, parfois alarmants, rarement poétiques. Les irrespectueux y sont rares. Le dévergondé y brille par son absence.

Je ne suis pas sourd. J'entends les protestations indignées de braves gens que mes observations dérangent comme, au concert classique, les chuchotements d'un bavard indisposent le mélomane. Qu'on me laisse répliquer à ceux qui me jugeraient irrévérencieux ou sacrilège, qui me reprocheraient de ne pas respecter le camp d'extermination : le souvenir d'Auschwitz n'appartient ni aux hommes politiques, ni aux artistes, ni aux sportifs. Étrangers aux préséances, il nous revient d'examiner impartialement, sans tenir compte de nos éventuelles sympathies, les traces de nos grands personnages, et de quelques autres plus modestes, dans les registres funèbres qui leur sont présentés. Si ce genre d'exercice sort de l'ordinaire, tant mieux.

L'inscription inaugurale remonte au 1er mai 1946. Réservant à d'autres un travail exhaustif, je commençai ma lecture au début de 1967, année de la visite de De Gaulle, à cette époque du communisme où le gros album devint un discret lieu de rendez-vous entre l'Est et l'Ouest.

M'attendant à une bouffée de noms illustres, je me méprenais sur la valeur de cet adjectif.

D'entrée de jeu, à la date du 12 février, je tombai sur l'antisémite Mieczyslaw Moczar, alors ministre polonais de l'Intérieur et président de la «Zbowid», association d'anciens combattants de la Deuxième Guerre mondiale, contrôlée de très près par le régime communiste. Ce nom brisa net l'élan de sympathie qu'avait suscité en moi l'allure chaotique du Livre. L'intrusion intempestive de cet individu signalait que, sous la distrayante pagaille, un ordre inflexible régnait.

Comme chacun sait, le régime communiste polonais utilisa le musée à des fins politiques, dont certaines peu recommandables. Sa double tendance consistait à surévaluer le nombre total des morts et à s'en tenir, pour les victimes juives, à la plus grande discrétion. En 1947, le texte de la loi créant un musée à Oswiecim fut ainsi rédigé: «L'emplacement de l'ancien camp de concentration hitlérien d'Auschwitz, ainsi que tous les bâtiments et installations qui s'y trouvent, seront à jamais conservés comme monument du martyre du peuple polonais et des autres peuples. À cet endroit sera créé le musée national d'Auschwitz-Birkenau.»

L'adjectif «hitlérien» évitait de qualifier d'allemands les camps d'extermination. À cette époque, l'U.R.S.S. contrôlait déjà la Pologne et la future Allemagne de l'Est. Pour elle, il y aurait désormais de bons Allemands à l'Est et de mauvais à l'Ouest. Elle ne tenait pas à indisposer les premiers en qualifiant d'allemands les camps de concentration, mais, en ces débuts de guerre froide, elle était bien décidée à embarrasser les seconds. Contre l'Europe de l'Ouest qui cherchait à s'unir, elle inventa la théorie selon laquelle l'Allemagne de l'Ouest, puissant repaire de revanchards héritiers des hitlériens, cherchait à récupérer les territoires perdus et à compromettre la paix dans le monde. Les musées ouverts sur les anciens camps et leurs visites guidées devinrent un des éléments de la propagande soviétique contre ces fascistes prêts à tout.

L'U.R.S.S. et ses alliés ne furent pas les seuls à pratiquer ce double langage. En 1995, à Cracovie, au cours d'un colloque, Adam Michnik, offensé que seuls en Europe les Polonais fussent tenus pour des antisémites, s'exclama : « Pourquoi dit-on aujourd'hui en Israël que les auteurs de l'holocauste furent les nazis et non les Allemands ? » Simone Veil lui répondit que la République fédérale d'Allemagne avait « payé d'importantes indemnités à Israël et contribué largement au financement de certaines fondations de ce pays ». Elle exprima l'opinion symétrique de celle de l'U.R.S.S. que « la volonté affichée de la R.F.A. de procéder à la dénazification, son choix démocratique et sa détermination [...] en faveur de la construction européenne » avaient fait d'elle « une autre Allemagne ».

En invoquant le martyre « du peuple polonais et des autres peuples », la loi de 1947 confondait les victimes juives d'Auschwitz, de loin les plus nombreuses, avec toutes les autres. Le peuple juif n'y était que sous-entendu. On est libre de considérer l'expression « du peuple polonais et des autres peuples » comme assez vaste pour englober tous les peuples que l'on voudra. Il n'en eût pas moins été raisonnable et décent de mentionner le peuple juif, ne fût-ce que pour éviter le reproche de l'avoir volontairement omis. À ce genre d'objection, on suppose que les casuistes, un an avant la création de l'État d'Israël, répondirent : on ne peut nommer le peuple juif à côté du peuple polonais puisque nombre de victimes juives étaient de nationalité polonaise. Le vocabulaire polonais invite à confondre peuple et nation. Aux yeux des législateurs polonais de 1947, les Juifs, de toute évidence, ne constituaient pas une nation. Il eût fallu une formule qui associât les nations européennes et le peuple juif, ainsi que le peuple tsigane. Au contraire de quoi, seul le peuple polonais fut nommément cité. C'est qu'au moment où les Soviétiques bafouaient le patriotisme polonais dans les faits, ils le ménageaient dans les mots et, pour détourner vers les Juifs les rancœurs polonaises, plaçaient des Juifs polonais à des postes clés de l'administration dictatoriale et de la police. L'antisémitisme n'avait pas changé de camp. Vaincu en Allemagne, il demeurait, au pays de Staline, l'ancien allié d'Hitler, et dans les pays satellites de l'U.R.S.S., un instrument de pouvoir et de répression. Plus longtemps encore que les Juifs, les Tsiganes innommés firent partie des *et cœtera*.

Mieczyslaw Moczar – de son vrai nom Mikolaj Demko – fut, d'après Simon Wiesenthal, « l'antisémite le plus virulent du parti communiste polonais[1] ». Organisateur, pendant la guerre, des partisans communistes du secteur de Lublin, puis chef de la sécurité à Lodz, puis, après les émeutes ouvrières de 1956, vice-ministre de l'Intérieur, il nettoya « ses services de toutes les personnes d'ascendance juive ». Quand le national-communiste Gomulka revint au pouvoir, Moczar fonda, contre ceux qu'il appelait les « intellectuels » des milieux dirigeants, autrement dit les Juifs, le « groupe des partisans ». Gomulka le fit ministre de l'Intérieur en 1964. Après la victoire éclair d'Israël dans la guerre des Six-Jours, Moczar intensifia son action antijuive, diffusant des rapports selon lesquels des Juifs du parti communiste et de l'armée avaient bu à la victoire israélienne. Des fonctionnaires juifs furent exclus du parti. Moczar prétendit qu'il débarrassait ainsi la Pologne du péril stalinien. En mars 1968, il prit prétexte de manifestations d'étudiants pour faire révoquer un grand nombre d'étudiants et de professeurs juifs en les faisant passer pour sionistes. Dans un pays presque sans Juifs, la lutte du ministre de l'Intérieur pour le pouvoir cherchait ses vitamines dans une idéologie qu'on avait crue morte. En août 1939, la Pologne comptait un peu plus de trois millions trois cent mille Juifs. À la fin de la guerre, on enregistra cinquante-cinq mille survivants sur le sol polonais, et cent quatre-vingt-cinq mille Juifs furent rapatriés d'U.R.S.S. ; quinze mille Juifs polonais se trouvaient dans les forces armées, principalement soviétiques. En 1968, pas moins d'une vingtaine de milliers de Juifs auraient abandonné la Pologne.

Moczar, dans ses exactions, bénéficia du soutien de Boleslaw Piasecki. Antisémite avant la guerre, et admirateur du régime nazi, menacé d'exécution par les Soviétiques en 1945,

1. Simon Wiesenthal, « Juifs et Polonais », dans *Justice n'est pas vengeance*, *op. cit.*, p. 222-233.

cette « brute blonde », ainsi que le décrit Czeslaw Milosz, ne dut son salut qu'à la promesse de convertir les nationalistes polonais au communisme. Il y réussit en créant le groupe Pax, lequel, se faisant passer pour catholique progressiste, berna bien des naïfs en Pologne et dans les pays d'Europe de l'Ouest. Que de conférenciers invités en Pologne grâce à cette riche organisation ignorèrent que des antisémites avaient financé leur voyage !

Un autre proche de Moczar, le Dr Czeslaw Pilichowski, fut nommé directeur de la « Commission centrale de recherche sur les crimes nazis ». Il contesta le nombre des victimes juives du national-socialisme, accusa les Juifs de collaboration avec les Allemands et laissa entendre qu'ils étaient eux-mêmes « responsables des persécutions et des assassinats ».

Quant à Kazimierz Rusinek, il rejoignit le groupe de Moczar après la guerre des Six-Jours, devint vice-ministre de la Culture et secrétaire général de la « Zbowid ». Le 17 juillet 1967, il déclara dans un discours radiodiffusé que l'armée israélienne était conseillée par « plus de mille criminels nazis de la Wehrmacht et des S.S. », ce qui expliquait sa victoire.

Moczar, s'appuyant d'une part sur les services de sécurité et sur le ministère de l'Intérieur, de l'autre sur Pax et la « Zbowid », fut un des principaux artisans, en Pologne, de la corruption du communisme par des hommes et des méthodes hérités du nazisme.

À la date du 12 février 1967, figurent dans le Livre d'Auschwitz, en regard du nom de Moczar, ses titres de ministre et de président de la « Zbowid ». Il apparaît sur des photos en compagnie de prisonniers de guerre de l'Oflag II C de Volenberg. On ne négligeait rien, pendant les manœuvres antijuives du règne de Gomulka, pour faire valoir que le ministre de l'Intérieur était un combattant et un patriote.

Horst Krüger se souvient qu'en 1945, quand il se trouva de son plein gré prisonnier des Alliés, la fin de la guerre lui parut ressembler au Jugement dernier : « Les moulins de la mort s'arrêtent, et l'on trie les brebis des boucs. On sépare persécuteurs et persécutés, on ouvre un grand livre. »

Contre toute attente, le Registre d'Auschwitz, à l'époque communiste, ne ressemble pas à ce livre-là. Confirmation en est donnée le 4 mai 1967 par des « *harcerskie* », sortes d'éclaireurs ou de scouts d'une organisation officielle et laïque. Une inquiétante photo les montre en groupe, accoutrés comme on l'imagine, et saluant avec enthousiasme, le bras tendu, il s'en faut de très peu que ce ne soit à l'hitlérienne. Ce trait rappellera aux Polonais que le Piasecki des violents discours et articles antisémites d'avant-guerre, avait introduit le salut hitlérien dans l'O.N.R. (« Front National Radical »), l'organisation d'extrême-droite qu'il avait fondée.

* *
*

Défilent ensuite une délégation du parti communiste de Kiev (ville jumelée avec Cracovie) et une délégation d'Hiroshima.

Auschwitz-Hiroshima : le rapprochement pourrait aller de soi. À juste titre, André Neher le rejette au nom du silence d'Auschwitz. À Hiroshima, souligne-t-il, « les faits ont été bruyants et le vacarme de la douleur a immédiatement saisi et atteint le monde entier [...], alors qu'à Auschwitz tout s'est déroulé, accompli, consommé, durant [...] des années, dans le silence absolu, à l'écart et à la dérive de l'histoire ». À cet effroyable silence de la cité concentrationnaire considérée de l'extérieur, s'ajoutent, selon Neher, « le silence des spectateurs » et « le silence de Dieu [...] qui persiste au-delà de la rupture des autres cercles de silence et qui [...] n'en est que plus grave et plus alarmant ».

J'avais lu dans la biographie de De Gaulle par Jean Lacouture qu'en 1967, au cours de son voyage officiel en Pologne, le Général avait péniblement inscrit dans le Livre du souvenir d'Auschwitz quelques lignes où il était question d'espérance humaine. Lacouture, qui était du voyage, ne put vraisemblablement pas lire par-dessus l'épaule du Général ce que celui-ci écrivait. Aussi préféra-t-il citer l'aide de camp Jean d'Escrienne : « Je ne me souviens pas avoir jamais vu le Général "pris de court", incapable d'exprimer ce qu'il ressentait, comme il le fut à l'issue de cette visite [...]. Il mit ses lunettes, prit son stylo et resta de longues secondes indécis et silencieux avant d'écrire. Debout, à sa droite, tout près de lui, je le vis enfin écrire [...] : "Quelle tristesse !... Quelle pitié", puis il resta à nouveau sans trouver ses mots plusieurs longs instants ; enfin, revenant au-dessus de ce qu'il venait d'écrire, avant "Quelle tristesse", il traça deux autres mots : "Quel dégoût", ajouta un point d'exclamation puis s'abîma à nouveau, un grand moment, dans ses pensées ; enfin, comme s'il ne savait vraiment comment en finir, après : "Quel dégoût, quelle tristesse, quelle pitié", il écrivit encore : "Quelle espérance humaine." Se rendant compte évidemment que cette exclamation ne convenait guère à la circonstance, il pensa en atténuer la portée en la faisant précéder, après encore de longues secondes de réflexion, de ces trois mots : "Et malgré tout". Il mit un point d'exclamation après "espérance humaine", signa et data. Lentement, comme vieilli, comme dépassé par tout ce qu'il venait de voir, il se leva... »

C'est ainsi que des témoins irréfutables accréditèrent des boniments. Aux archives du musée d'Auschwitz, je constatai que le texte véritable n'était pas celui que d'Escrienne et Lacouture avaient diffusé, mais celui-ci :

« À Auschwitz,
quelle tristesse !
quel dégoût ! et, malgré tout,
quelle espérance humaine ! »

Si de Gaulle hésite en l'écrivant, c'est qu'à la différence de bien d'autres visiteurs d'Auschwitz, il ne cède ni à la grandiloquence, ni à des penchants moralisateurs. Sous le choc de ce qu'il a vu, augmenté de ce qu'il sait, il laisse courir des propos qu'il n'avait pas prévus. Jean d'Escrienne, confondant les lignes sur la page, nous a transmis des mots qui n'y figuraient pas. « Quelle pitié » est de son invention. Avant « quelle tristesse », de Gaulle ne rajouta pas « quel dégoût », mais, peut-être, « À Auschwitz », que d'Escrienne, n'osant, pour mieux lire, se dresser sur la pointe des pieds, n'a pas vu. Allons nous fier, après ça, aux témoins oculaires !

De Gaulle écrivit ces lignes à l'encre bleue, le 9 septembre 1967, en haut d'une page blanche. Le bas de la page fut comblé ensuite par deux photos de lui et une légende portée à la main, en polonais, au crayon à bille vert : « Le président de la France, le général Ch. de Gaulle ». On colla également des photos sur trois des pages antérieures. Quatre pages au total sont ainsi consacrées à cette visite présidentielle d'Auschwitz-I et de Birkenau. Sur l'une des photographies, on reconnaît Mme Yvonne de Gaulle, en chapeau.

* *
*

Le texte de De Gaulle se trouve à la page 72 du volume. Aux pages 70 et 71, entre photos et inscription, d'autres visiteurs ont laissé leurs traces.

La page 70, dépourvue d'images, fut remplie le 4 septembre 1967 par un groupe de dix sportifs yougoslaves dont plusieurs signatures sont indéchiffrables. Leur inscription en serbe, mais en caractères latins, plus longue que celle de De Gaulle, proclame :

« Le passé doit prévenir les générations futures que l'homme ne peut rien posséder de plus lumineux que la paix et la liberté. Cette visite de l'ancien camp – usine de la mort – a été effectuée par des membres du club sportif « Banat », d'étudiants et de cheminots, de Zrenianine en Yougoslavie. »

Zrenianine est une localité de la riche plaine du Banat, en

Voïvodine, à égale distance de Belgrade et de Timisoara. Le mot « lumineux » (en serbe *svetlo*) semble être sorti, par addition d'une lettre, du mot « sacré » (*sveto*) qui avait d'abord échappé au scripteur (accompagnateur officiel ou sportif véritable) et qui était mal vu dans la Yougoslavie communiste. On ignore quel sport pratiquaient ces dix signataires.

* *
*

Le 17 septembre 1967, la page 71, demeurée vierge, fut offerte à la chanteuse soviétique Tamara Miansarova, alors probablement en tournée en Pologne. D'une grande écriture penchée de joyeuse extravertie, montant généreusement vers le haut, Tamara chanta :

« Que jamais ne se reproduisent les horreurs d'Oswiecim ! Que le soleil brille pour toujours ! »

Ces derniers mots, qui, comme ceux des sportifs de Voïvodine, opposent à l'ombre une lumière idéale, sont extraits d'une rengaine alors à la mode en U.R.S.S. et dans les pays d'Europe de l'Est, et enseignée aux écoliers depuis Vladivostok jusqu'à Zagreb. L'inscription est suivie des signatures de Tamara et d'un accompagnateur.

* *
*

Les graffiti intercalés de la chanteuse soviétique et des sportifs yougoslaves s'expliquent par le souci des responsables du Livre de remplir toutes les pages, sinon avec des inscriptions du moins avec des photos, de n'en gaspiller aucune, tout en veillant à ne jamais présenter au visiteur de marque le Livre ouvert à une page en partie écrite par quelqu'un d'autre.

Les photos ne pouvant pas être développées sur-le-champ, les administrateurs laissent, entre les inscriptions, des pages blanches en nombre parfois insuffisant et parfois excessif. Redoutant autrefois les graffiti incontrôlés, ils ne supportaient pas que certaines pages fussent vouées à demeurer blanches.

Passée la colère suscitée en moi par le nom de Moczar et par la photo des éclaireurs au bras tendu, je ne saurais dissimuler que le désordre au sein du Livre me redevint plaisant, au point que je me demandai s'il n'était pas intentionnel, si plutôt que des économies de pages, les responsables du Livre n'avaient pas cherché à montrer (mais à qui ?) que les traces des visiteurs d'Auschwitz, des plus notoires aux plus modestes, sous le regard paterne de dirigeants débonnaires, s'entrelaçaient fraternellement, sans souci de l'arbitraire numérotation des pages et de l'arbitraire tout court.

* *
*

L'insolite ne se limitait pas à la chanteuse soviétique, aux sportifs étudiants et cheminots, et aux légendes gauchement rajoutées à la main, à l'aide d'un stylo ou d'un crayon à bille bleu ou vert. Sur une photo de ce temps-là, je m'étonnai de découvrir une charrette et un cheval échappés des campagnes d'alentour avec leur conducteur. Pourquoi ce paysan ? Pourquoi ce cheval ? Ils passaient par là, sans doute, lors d'une visite officielle. Le photographe s'était servi d'eux pour ajouter au Livre un peu de couleur locale, pour faire plus vrai, et cette vérité agreste bousculait tout le rituel. Le contraste, en effet, était grand entre ces promeneurs peu protocolaires, et les visages graves, crispés, de chefs d'État déposant leurs gerbes au pied du monument de Birkenau.

Confondu par cette apparition, c'est au prix d'un rude effort, dans la salle de lecture, que je reliai le pittoresque paysan tenant la bride du cheval à ces anciens marécages des environs d'Auschwitz et de Birkenau, d'où il semblait pourtant sortir, et dans lesquels des détenus étaient contraints, sous peine de mort, de déverser les cendres de crématoires dont le rendement global pouvait atteindre huit mille cadavres par jour. Comme quoi une image, même la plus innocente, peut entrebâiller la porte à l'oubli.

Celui-ci guette également le visiteur lorsque, dans la solitude des camps, et aux alentours, il contemple les arbres : les peupliers droits bien alignés, les marronniers de Silésie, les bouleaux blanchâtres dont les prisonniers coupaient des branches pour en faire des balais. Les arbres, intemporels, sont aussi insensibles à l'histoire qu'un stade vide quand les clameurs se sont tues.

Premier ministre de Georges Pompidou à partir de 1969, Jacques Chaban-Delmas voulut faire écho, comme l'atteste son emploi du mot « espérance », à l'inscription du général de Gaulle dont il avait pu prendre connaissance :

a) avant sa visite en Pologne ;
b) à l'ambassade de France à Varsovie ;
c) sur place, en feuilletant le Livre qu'on lui tendait.

Pour des raisons difficiles à déterminer – Chaban préféra-t-il se donner le temps de la réflexion après avoir lu l'inscription du Général, ou estima-t-il plus décent de ne pas forger d'inscription immédiatement après sa visite des camps ? –, c'est à l'université Jagellonne de Cracovie qu'après avoir signé le Livre et inscrit la date de sa visite, il composa, le même 28 novembre 1970, le curieux petit poème que voici :

« *En arrivant d'Auschwitz,*
de la nuit à l'aurore
de la mort à la vie
de la haine à l'amour,
et voici l'espérance. »

Si l'on retient le classement des graffiti en alarmants, poétiques, dévergondés et irrespectueux, celui de Chaban, de toute évidence, mérite l'appellation de poétique. Il confirme que notre Premier ministre était gravement atteint du mal littéraire dont souffrent souvent, sans jamais s'en plaindre, les politiciens français.

Jacques Chaban-Delmas rédigea son petit poème sur du papier à en-tête de la République française. Il resigna et redata au bas de ce texte où se déploie également la signature de Maurice Schumann, alors ministre des Affaires étrangères. Transporté de Cracovie à Auschwitz, le poème fut semble-t-il collé (ou sa photographie) sur une page de gauche du Livre du souvenir. Sur la page de droite, on inscrivit sa traduction en polonais.

Chaban-Delmas resta Premier ministre jusqu'en 1972. Créditons-le d'avoir visité Auschwitz un an avant que Georges Pompidou n'accordât la grâce présidentielle à Paul Touvier, ancien chef de la Milice de Vichy et trois fois condamné à mort par contumace.

Vingt ans plus tard, préfaçant les actes d'un colloque sur « Résistance et Mémoire d'Auschwitz à Sarajevo », Chaban qualifia de minutieux l'enfer des camps d'extermination. Tadeusz Borowski et Primo Levi n'auraient peut-être pas accolé cet adjectif à leur enfer. Le premier nous raconte avec une espèce de joie mauvaise l'improvisation insensée qui fit de lui, à Auschwitz, un « presque docteur » chargé de « diminuer la mortalité du camp » et de « redonner le moral aux détenus ». Primo Levi, détenu au camp-annexe de Monowitz de janvier 1944 à janvier 1945, résume un autre aspect de la criminelle folie : « De l'usine de Buna, sur laquelle les Allemands s'acharnèrent pendant quatre ans et dans laquelle une innombrable quantité d'entre nous souffrirent et moururent, il ne sortit jamais un seul kilo de caoutchouc synthétique. »

Chaban cède volontiers au goût du raccourci à quoi se prêtent les préfaces, dont il rédigea un grand nombre. Il ne se rend pas compte que, produits par des mains inexpertes, peu douées de surcroît pour la méchanceté, les écrits estompent ce qu'ils espéraient nous mettre en mémoire. Il est persuadé que « nos morts [...] ne seront pas tout à fait morts aussi longtemps qu'une pensée fraternelle viendra échauffer leurs ombres » ; mais Borowski rapporte que, devant le portail d'entrée du camp de Birkenau, des femmes nues sur des camions criaient : « Au secours ! Nous allons au gaz ! », et qu'aucun des dix mille détenus qui les regardaient passer ne bougea « parce que, estime-t-il, les vivants ont toujours raison contre les morts ».

* *
*

Entre la signature de Chaban-Delmas, à l'issue de sa visite, et son petit poème ultérieurement rapporté de Cracovie, les gardiens du Livre intercalèrent les inscriptions et les signatures d'une délégation d'Allemagne de l'Est, puis du cosmonaute soviétique Valéry Boukovski, venu à Auschwitz deux mois après notre Premier ministre, le 26 janvier 1971.

Un cosmonaute sur terre est une tortue renversée sur le dos. Il agite les pattes sans bouger. Il a surpris, là-haut, le bruissement silencieux du cosmos : il ne sait pas comment le décrire. Primo Levi, au contraire, se souvient, quarante ans après, de détenus au sommeil empoisonné par l'« angoisse atavique [...] du tohu-bohu, de l'univers désert et vide, écrasé sous l'esprit de Dieu, mais dont l'esprit de l'homme est absent : ou pas encore né ou déjà éteint [1]. » Et Tadeusz Borowski profère cette interrogation sidérale : « Un crime commis sur terre peut-il être puni dans l'espace ? »

---

1. Primo Levi, *Les naufragés et les rescapés – Quarante ans après Auschwitz, op. cit.*, p. 83-84.

Le lecteur s'offusquera peut-être que je l'oblige à dégringoler des confessions provocantes d'un Borowski et des témoignages, aussi pondérés que terrifiants, d'un Primo Levi aux propos improvisés d'un obscur ministre, plus attaché à manifester bruyamment son émotion qu'à nous aider à comprendre la nôtre. Je n'y peux rien. Les obscurs ministres tombent du ciel eux aussi et agitent leurs pattes de tortue.

Jean de Lipkowski, secrétaire d'État aux Affaires étrangères du gouvernement Chaban-Delmas, écrivit le 29 avril 1971 :

« En souvenir d'une visite bouleversante d'horreur dans un haut lieu *(sic)* de l'ignominie hitlérienne. N'oublions jamais ! »

Il y a deux façons rebattues de s'indigner des horreurs d'Auschwitz. L'une est celle de Tamara Miansarova : que jamais elles ne se reproduisent ! L'autre est celle de Lipkowski : ne les oublions jamais ! – commode façon, parfois, d'éviter d'affirmer qu'on ne les pardonnera pas.

Nous retrouvons ces graffiti, au fil du Livre et au fil des années, à chaque fois sincères, il serait malvenu d'en douter, et à chaque fois tracés comme si personne auparavant ne s'était révolté de la sorte. L'un, tourné vers un avenir qui ne demande qu'à être radieux, encourage à la vigilance ; l'autre, tourné vers le passé, invite à ce qu'il est convenu d'appeler de nos jours le « devoir de mémoire ». Ne nous scandalisons pas de ces clichés. Nul ne saurait les éviter tout à fait. Quelques points d'exclamation tentent de leur conférer un tour plus personnel, mais les visiteurs sont si nombreux à y recourir que ce signe de ponctuation, à son tour, sombre dans l'artifice. On sent parfois que le scripteur, mordillant son stylo, souffrit de l'absence d'un point de surexclamation et que, ne le trouvant pas, il regagna sa voiture, avec son cortège, bourrelé du remords de ne s'être pas assez bien exprimé, rongé, qui sait, par le soupçon que la minceur de son vocabulaire reflétait la pauvreté de ses sentiments. Et lorsque ledit scripteur, au contraire, s'en retourne satisfait d'avoir, en son graffiti, échappé au langage commun, le résultat souvent est plus désastreux encore.

Je ne me rappelle pas avoir lu sous une autre plume que celle de Lipkowski que les anciens camps d'extermination d'Auschwitz-Birkenau constituaient un haut lieu. Littré nous informe qu'on appelait hauts lieux les autels consacrés chez les Juifs aux fausses divinités, parce qu'ils se trouvaient sur des montagnes, et qu'on en vint à désigner de ces mots les temples de l'hérésie. Si notre diplomate avait soupçonné cette étymologie, il aurait tourné autrement son graffiti. Deux vers d'*Athalie* cités par Littré l'eussent remis sur la bonne voie :

« *Jéhu sur les hauts lieux enfin osant offrir*
Un téméraire encens que Dieu ne peut souffrir ».

Le sens habituel aujourd'hui de « haut lieu » : « lieu mémorable, théâtre de faits historiques », ne convient pas davantage au camp d'Auschwitz, à propos duquel la difficulté précisément consiste à se souvenir de crimes auxquels l'épithète de « mémorable » ne peut nullement s'appliquer.

À trop vouloir s'écarter du cliché de la chanteuse soviétique, notre diplomate commit une gaffe. N'y flairons pas un acte manqué.

* *
*

Après Jean de Lipkowski, se succédèrent :
l'équipe de lutte gréco-romaine du Rapid de Bucarest,
le maire de Narvik,
le premier secrétaire du parti communiste belge,
des professeurs japonais,
des travailleurs chiliens,
des généraux soviétiques, tous muets.

* *
*

Les Soviétiques préféraient envoyer à Auschwitz des militaires plutôt que des politiques. Ces militaires signaient et basta. Les politiques, mieux valait qu'ils n'écrivissent rien, qu'ils ne fussent pas tentés de s'épancher, qu'ils ne donnassent même pas le sentiment d'avoir choisi de se taire.

Le 20 août 1971, un résistant français se présenta, dont la biographie guerrière alimentait une intrépide éloquence. Il livra cette réflexion :

« Auschwitz ! Pour ne pas oublier, il faut y venir, et y voir la trace profonde, à la fois de la barbarie nazie, méthodique jusque dans le crime, et le pur héroïsme des meilleurs des nôtres, parents, amis, camarades de combat. Ne pas oublier pour rester fidèle au message de la Résistance et de la Déportation envers tous ceux qui luttent contre la guerre et pour la paix entre les peuples. »

La tirade était signée : Henri Rol Tanguy, colonel, chef régional des F.T.P. et F.F.I. de la Région de Paris, 1944.

Pour ceux qui l'auraient oublié, rappelons que les F.T.P. (Francs-tireurs et partisans) et les F.F.I. (Forces françaises de l'intérieur) furent, à la fin de la Deuxième Guerre mondiale, des organisations de combattants de la résistance intérieure peu enclines à se soumettre à de Gaulle. Celui-ci laisse entendre, dans le tome II de ses *Mémoires de guerre*, que Rol Tanguy était un de ces chefs que les communistes, à la veille de la Libération, s'efforcèrent de placer à la tête des diverses fractions de partisans, leur donnant des titres qui ne correspondaient pas à « de nettes attributions ».

Le « méthodique jusque dans le crime », correspond, en des termes mieux choisis, à l'« enfer minutieux » de Chaban-Delmas.

Le « à la fois », mal placé dans sa phrase, fait supposer qu'en dépit des apparences, Rol Tanguy improvisa son texte sur place, ce qui ne lui coûta rien puisqu'il le connaissait par cœur, ayant exposé ce thème dans nombre de discours commémoratifs. À Auschwitz, une fois de plus, il cherche à faire passer les déportés des camps d'extermination pour des héros de la lutte contre les nazis. Il oppose « la barbarie nazie » au

« pur héroïsme des meilleurs des nôtres, parents, amis, camarades de combat ». L'adjectif « pur » ne laisse aucun doute sur la vision des camps que Rol Tanguy voudrait imposer, confiant au Livre des propos que les autorités de la Pologne communiste furent, à coup sûr, enchantées de voir estampillés par un résistant français. Car c'est de la version communiste officielle que Rol Tanguy se fait le propagandiste.

Dans *Les Juifs, la mémoire et le présent*, Pierre Vidal-Naquet attire notre attention sur une inscription du 16 avril 1967 qui domine toutes les autres au pied du monument international de Birkenau, fâcheusement nommé « des victimes du fascisme », et qui proclame : « Aux héros d'Auschwitz, qui sont morts ici, en luttant contre le génocide hitlérien, pour la liberté et la dignité de l'homme, pour la paix et la fraternité des peuples, le Conseil d'État de la République populaire de Pologne confère l'Ordre de Grunwald de première classe en signe d'hommage pour leur martyre et leur héroïsme. » Vidal-Naquet rappelle que l'Ordre de Grunwald commémore la victoire remportée en 1410 par les Polonais sur les Chevaliers teutoniques, et ne voit pas qui, à Auschwitz, à part les résistants, comme Danielle Casanova, et les détenus du *Sonderkommando* (« groupe spécial ») qui se révoltèrent le 7 octobre 1944, pouvait être concerné par cette décoration militaire de première classe.

Les partis communistes firent tout pour étouffer pareilles réticences. En France, protestait en 1995 Simone Veil, « l'amicale d'Auschwitz fut mise en place par le parti communiste avant même le retour de la plupart des déportés ». La consigne était de ne pas « mettre en doute la solidarité qui aurait existé » entre tous. « Cette interprétation commence seulement [...] à être remise en cause. » Simone Veil a de bonnes raisons de soutenir une autre version des faits, elle qui confie : « En arrivant à Auschwitz, c'est aux brimades et à des humiliations de la part d'autres déportées, souvent polonaises, que nous étions soumises. »

Primo Levi consacra un important chapitre de son livre *Les naufragés et les rescapés* à ce qu'il appelle « la zone grise », cette « zone d'ambiguïté » qui sépare les victimes des persécuteurs et « qu'irradient les régimes fondés sur la terreur et la soumission ». « Seule, précise-t-il, une rhétorique schématique peut soutenir que cet espace est vide : [...] il est constellé de figures abjectes ou pathétiques [...] qu'il est indispensable de connaître [...].» Dans les camps d'extermination, la zone grise était composée de toutes sortes de «prisonniers-fonctionnaires»: fonctionnaires d'un rang inférieur (tels que balayeurs, gardiens de nuit, contrôleurs des poux et de la gale), chefs des équipes de travail, chefs de baraques, secrétaires, prisonniers affectés dans les bureaux. Primo Levi confirme que certains d'entre ces derniers appartenaient à des «organisations clandestines de résistance», mais il constate que le pouvoir corrompit la majorité des prisonniers qui en détenaient une parcelle. «Au Lager et au-dehors, il existe, estime-t-il, des personnes grises, ambiguës, prêtes au compromis. La situation d'exception qui est celle du camp tend à en accroître les rangs.» Aussi apparaît-il «rhétorique et faux» de vanter, à la façon de Rol Tanguy, «le pur héroïsme» des déportés et de proclamer fidélité au message «de la Résistance et de la Déportation».

Rol Tanguy ne choisit pas au hasard la date de sa visite en Pologne. En août 1971, le gouvernement venait de mater les grèves des ports de la Baltique; dans l'administration et dans les universités, des hommes nouveaux occupaient les places abandonnées par les Juifs; Gomulka avait dû céder le poste de premier secrétaire du parti communiste à Edward Gierek, l'ancien mineur de France et de Belgique, qui ne parlait que de mettre la Pologne au travail. Jaruzelski, le soldat pro-moscovite qui, en janvier, avait maîtrisé les émeutes de Szczecin, attendait son heure. Bref, pour quelques années encore, la situation était redevenue normale entre l'Oder et le Bug.

Le 6 mai 1972, André Bettencourt, ministre du Plan et de l'Aménagement du Territoire du gouvernement Chaban-Delmas, inscrivit :

« En témoignage d'infini respect à ceux qui ont tout donné. »

Un ministre de l'Aménagement du Territoire, sur ce territoire d'Auschwitz qui fut si radicalement aménagé, où les projets d'extension ne cessèrent qu'avec la fuite des Allemands à l'approche des Soviétiques en janvier 1945, voilà qui ne manque pas d'humour noir.

Nous sommes fondés aussi à nous interroger sur le sens des mots que ce ministre grava avec application. Signifient-ils que le respect s'adresse aux détenus qui donnèrent leur vie à Auschwitz, c'est-à-dire qui y moururent dans les chambres à gaz ou de toute autre façon : exécutions sommaires, piqûres de phénol, travail forcé, famine, typhus ? Ou bien que le respect va aussi aux survivants, et dans ce cas, pourquoi écrire qu'ils ont tout donné ?

Imaginons un prisonnier d'un camp. Un déporté qui en réchappa parce qu'il y arriva en bonne santé et qu'il parvint à s'y maintenir en vie par la ruse et par le vol. Vol de soupe, de pain dur, d'une gamelle ou de vêtements pendant que le codétenu était à la douche, la vraie, vol d'une oie. Imaginons ce rescapé lisant : « respect à ceux qui ont tout donné ». S'il proteste qu'il a droit au respect lui aussi, on voit mal qui pourrait le lui reprocher.

Nous avions rencontré deux manières d'exprimer l'indignation, celle de la chanteuse soviétique et celle de Lipkowski. Bettencourt exprime l'humilité. Il se livre à une génuflexion d'ordre littéraire.

* *
*

Ces hommes politiques qui ne sont pas des hommes d'État et qui vont tout de même visiter officiellement les camps d'extermination obéissent à des motifs divers et concurrents. On ne peut pas, on ne doit pas exclure qu'au fond d'eux-mêmes, sur les lieux du crime, ils veuillent rendre hommage aux victimes de ce qu'on nomme « l'horreur nazie ». Il n'est pas impossible non plus que le voyage à Auschwitz leur soit suggéré autant par les autorités polonaises que par le souci de faire bonne figure, à leur retour de Pologne, devant leurs électeurs ou leurs administrés. Nous avons enfin de bonnes raisons de supposer que l'homme politique, placé devant le dilemme : aller ou ne pas aller à Auschwitz, considère préjudiciable à sa réputation de ne pas y aller, puisque tous les autres se sont conformés à l'usage.

Certains se paient une visite éclair. Ce sénateur des Français de l'étranger, par exemple. En sa compagnie, nous finissons notre déjeuner chez le consul. Soudain, il jette un coup d'œil sur sa montre : « Nous avons tout juste le temps de nous rendre à Auschwitz », prévient-il. Et chacun d'avaler en hâte son café pour que monsieur le sénateur ne soit pas privé d'inscrire le camp sur son agenda, entre le repas consulaire et l'avion pour Varsovie.

À des étudiants cracoviens, au cours de sa visite officielle en Pologne, Fidel Castro avait lancé : « Vous ne tenez pas aux biens matériels ! », et ces impertinents de lui répliquer : « Oui ! Oui ! Des biens matériels ! Nous en voulons davantage ! » Découvrant qu'un journaliste qui l'avait interviewé venait de publier, dans une revue polonaise, un éloge de l'écrivain cubain José Lezama Lima, catholique protecteur des homosexuels, et de son roman *Paradiso*, publié à Mexico, Castro le fit déclarer *persona non grata* dans son royaume insulaire.

Le 8 juin 1972, après la visite du camp, Fidel Castro écrivit en espagnol, d'une écriture vibrante, toute de sourcils froncés comme le *lider máximo*, quelques lignes remplissant toute une page et dont voici ma traduction respectueuse de chaque particularité de son style inimitable :

« Il est à peine possible d'imaginer et encore moins de croire les crimes horribles qui furent commis ici. Pendant des milliers d'années, l'humanité se souviendra avec répugnance et horreur de ces actes. À ces extrémités fut capable d'en venir l'idéologie du capitalisme et de l'impérialisme. Moi, en particulier, ce que j'ai vu aujourd'hui me rappelle ce que les Yankees font maintenant au Vietnam. Un jour l'humanité balayera jusqu'aux derniers vestiges de ces idées qui subsistent encore. »

N'allons pas nous récrier que ce discours choque par sa véhémence, tant celle-ci était prévisible. Plus surprenants, chez Castro, vingt-cinq ans plus tard, furent les gestes attentionnés, les petites inclinations du buste qu'il multiplia lorsque le pape Jean Paul II vint à Cuba. Castro est un illuminé qui arrondit l'œil et lève droit l'index lorsque lui traverse l'esprit une idée qu'il veut communiquer à ses auditeurs. Il apprécie en gourmet la sonorité onctueuse des mots qui, en espagnol, se terminent par *dad*, comme *Santidad*, qui sortit souvent de sa bouche quand il s'adressa au Saint-Père, et ici *humanidad*, qu'il n'hésite pas à redoubler pour bien nous persuader que c'est le genre humain, non l'individu, qui l'intéresse. Castro est l'homme d'État qui, dans son graffiti, fait le mieux oublier le Livre du souvenir. Les lignes qu'il jeta sur la page respirent le discours improvisé, adressé à une foule. Ôtons-en l'« ici » et l'« aujourd'hui », et nous aurons la vision de Castro haranguant les Cubains sur la place de la Révolution, à La Havane, par une fin d'après-midi où le vent des Caraïbes, agitant doucement les palmes, veille à ne pas souffler plus fort que le maître, afin que nous entendions remuer sa barbe et son uniforme de guérillero du musée Grévin. Le musée, Castro connaît : il n'en était plus très loin en 1972. À Auschwitz, il aurait pu remplir des pages et des pages.

Ces années-là, certains affirmaient encore que le génocide (terme absent ou presque des livres de Borowski et de Levi) était le stade suprême du capitalisme. En 1972, quand Castro passe par Auschwitz, on ne sait pas encore de quoi sont capables les Khmers rouges.

Que le capitalisme allemand profita des camps d'extermination, en essayant d'y limiter les dégâts lorsqu'une mortalité excessive ou un trop grand affaiblissement des détenus contrariaient ses intérêts, la chose est bien connue. La main-d'œuvre quasi gratuite des camps de concentration, la proximité des mines de charbon et des hauts-fourneaux de Katowice, Sosnowiec, Bytom, attirèrent à Oswiecim, pendant la guerre, plusieurs trusts allemands. Au camp de Monowitz, c'est I.G. Farbenindustrie qui créa l'usine de caoutchouc synthétique Buna Werke. Primo Levi y reçut « des gifles et des coups de pied des kapos et, parfois, des "civils" allemands ». Rudolf Vrba, dans *Shoah*, rappelle qu'à Auschwitz « les usines Krupp et Siemens s'étaient installées en partie à l'intérieur du camp et utilisaient la main-d'œuvre esclave ». La maison Topf & fils d'Erfurt « projeta, monta et vérifia » les fours crématoires. « Encore en activité jusque vers 1975, signale Primo Levi, elle fabriquait des crématoires à usage civil et n'avait pas jugé opportun d'apporter des modifications à sa raison sociale. » Au musée d'Auschwitz-Birkenau, des boîtes de Zyklon B, ou acide cyanhydrique, ce « poison employé pour les taupes et les blattes », portent la marque des usines Degesch. Dans un article de *La Stampa* du 22 janvier 1987, *Le trou noir d'Auschwitz*, Levi déclara : « ... Le gaz était produit par d'illustres usines chimiques allemandes, et c'est vers ces usines allemandes qu'allaient les cheveux des femmes massacrées, à des banques allemandes l'or des dents extraites aux cadavres. Tout cela est spécifiquement allemand, et aucun Allemand ne devrait l'oublier... ». Tadeusz Borowski consacre toute une page aux forfaits des firmes allemandes : « La firme Lenz, entreprise locale [...] a construit le camp, les baraques, les hangars, les magasins, les *Bunker*, les chambres à gaz. [...] Elle a fait avec Auschwitz une excellente affaire et attend la fin de la guerre paisiblement. De même Wagner et Continental pour les tuyauteries, la firme Richter pour les puits, Siemens pour les éclairages et les fils électriques, et les fournisseurs de briques, de ciment, de fer, de bois, les fabricants d'éléments de baraques ou de pyjamas rayés. De même l'immense firme automobile Union, de même les entreprises de récupération de ferraille DAW. De même, les propriétaires des mines de Myslowice, de Gliwice, de Janina et de Jaworzno. » Borowski espérait que les survivants d'Auschwitz obtiendraient un jour l'équivalent de leur travail, « pas en argent, pas en marchandises, non, en dur travail de titan ». Le comportement criminel de tant de sociétés n'est peut-être pas étranger à l'adhésion de Borowski au parti communiste polonais quelque temps après la fin de la guerre. Les vingt-neuf ans de la vie de Borowski n'apportent pourtant pas plus d'arguments à Castro que Maïakovski n'en apporta à Staline, puisqu'en 1951, en Pologne, comme le poète russe, il se suicida.

Un jour, à Auschwitz, Borowski songeait : « Brûleront des Juifs, brûleront des Polonais, brûleront des Russes, puis viendra le tour des hommes de l'Ouest et du Sud, du continent et des îles. » Si la prophétie s'était réalisée, Castro se serait peut-être moins drogué d'abstractions. Certes, les profiteurs d'Auschwitz n'ont pas assez réparé. Mais les prisonniers ne s'y considéraient pas comme des victimes du capitalisme.

La comparaison avec le Vietnam est bien fragile aussi. Pour les Américains, les Vietnamiens ne furent pas les êtres inférieurs que furent pour les nazis les Juifs, les Tsiganes, les Polonais et les malades mentaux. Les Vietnamiens bombardés ou torturés ne furent pas, comme les prisonniers d'Auschwitz et des autres camps d'extermination allemands, des êtres déchus et parqués, condamnés à produire ou à disparaître. Assimiler Lyndon Johnson à Hitler brouille les cartes, à la grande joie des révisionnistes.

Gardons-nous néanmoins de rejeter complètement les récriminations de Castro. Les entreprises coloniales anglaises, belges ou françaises en Afrique présentèrent de tristes similitudes avec ce que l'on sait des camps d'extermination allemands. Reportons-nous à ce passage d'*Au cœur des ténèbres* où Marlow, après une visite chez un docteur bruxellois qui lui mesure le crâne, découvre une Afrique noire soumise à la férocité des colons et, sur une rive du Congo, voit apparaître des enchaînés en train de mourir de faim. Le vocabulaire conradien : hallucination funèbre et absurde, cocasserie lugubre, manège du commerce et de la mort, lambeaux de cauchemars, ombres noires de maladie et d'inanition, est celui-là même dont cherche à s'inspirer, dans le Livre d'Auschwitz, le visiteur bouleversé par sa visite du camp, par les photos de détenus en pyjamas rayés, les amoncellements de chaussures et les boîtes vides de Zyklon B.

* *
*

Castro est bruyant. Son tapage m'éloigne du silence de la bibliothèque dans laquelle, près de moi, les deux chercheurs prennent des notes. Mais celle-ci et le Livre que je consulte m'éloignent du camp tel qu'il fut. S'il exista un silence des camps considérés de l'extérieur, n'oublions pas qu'il y eut aussi le vacarme des camps. Cris de douleur, bruits de bottes, piétinement des détenus partant au travail, orchestre, hurlements des kapos, coups de revolver, tintamarre des foules polyglottes. Il y eut aussi les bordels.

Tadeusz Borowski décrit longuement et, assure-t-il, de seconde main, celui d'Auschwitz-I. Pour y accéder, les privilégiés montaient au premier étage d'une baraque qui abritait au rez-de-chaussée une salle de musique, une bibliothèque offrant aux *Reichsdeutsch* des romans policiers, et un musée contenant des photographies confisquées dans les lettres. Aux fenêtres de ce bordel, « après l'appel, se penchent des têtes de femmes aux couleurs de cheveux diverses et dont les petits peignoirs bleus, roses et verts [...] dévoilent des épaules neigeuses comme de l'écume de mer. [...] Tout autour se tient l'aristocratie du camp [...], un bon millier de Roméos. [...] Ils crient, ils font des signes [...], ils appellent [...]. » Ces hommes, dont certains sont des détenus récompensés « d'un travail sérieux et zélé », font aux prostituées, pour la plupart polonaises, « des promesses de vie commune » et des « propositions plus concrètes : savons, parfums, culottes de soie et cigarettes ». « Dans le couloir vont et viennent les Juliettes, vêtues de leur robe de chambre négligemment nouée. [...] Sur la porte [de la chambre], [on apprend] qu'il est interdit de se livrer à telles et telles perversions [...], qu'il n'est permis que ceci et cela (liste détaillée), et ce seulement pendant tant et tant de minutes [...]. »

Feuilletant le Livre d'Auschwitz, écoutant le silence des rues rectilignes qui séparent les baraques, je me demandai : « Ne serions-nous pas, les deux chercheurs et moi, installés dans l'ancien bordel du camp ? » Je ne découvris aucun plan de l'ancien camp qui me le confirmât, mais je ne peux pas l'exclure. Ces choses-là devraient être signalées au visiteur. Il serait hautement moral de ne pas nous inciter à reconstituer tout seuls la liste des perversions interdites par les geôliers.

À peine avais-je quitté Fidel Castro, je vis un objet des plus inattendus : la signature discrète de Kurt Waldheim.

Il avait été ambassadeur d'Autriche auprès des Nations unies, puis ministre des Affaires étrangères du chancelier conservateur, Josef Klaus. Battu en 1971, aux élections présidentielles, il fut, la même année, décoré de la Légion d'honneur française, puis, les États-Unis et l'U.R.S.S. ne parvenant pas à imposer leurs candidats respectifs, élu secrétaire général de l'Organisation des Nations unies, à la fin du mandat du Birman U Thant, grâce au soutien du chancelier socialiste Bruno Kreisky. Réélu à ce poste en décembre 1977, pour un second mandat de cinq ans, il prit sa retraite en 1982. En 1986, âgé de soixante-huit ans, il se présenta de nouveau aux élections présidentielles autrichiennes sous la bannière du parti conservateur.

Alors commença l'affaire Waldheim. À peine dévoilée sa candidature, le magazine viennois *Profil* révélait que ce politicien avait été, avant la guerre, membre des S.A. et de l'association des étudiants nazis. Réaction prudente de Simon Wiesenthal : « L'appartenance à cette association était anodine, tout le monde avait été obligé d'en passer par là. » Une adhésion aux S.A. après l'Anschluss « révélait plus un certain opportunisme qu'une profonde affinité avec les idées nationales-socialistes. On ne pouvait reprocher à Waldheim ces péchés de jeunesse, mais [on pouvait] à juste titre lui en vouloir d'avoir essayé dans ses Mémoires de se poser en victime du national-socialisme ».

Waldheim objecta qu'il avait adhéré à un club d'équitation, ultérieurement intégré aux S.A., et qu'il était devenu membre de l'association des étudiants à son insu. On rappela que, pendant la guerre, il avait été officier d'état-major de 1942 à 1943, à Plevlja, au Monténégro, puis, à partir de juillet 1943, à Arsakli, près de Salonique. On lui reprocha des exécutions d'otages en Yougoslavie. Il répondit d'abord n'avoir rien su de ces exécutions, puis que tout le monde en était au courant. Il prétendit « avoir appris par les journaux la déportation des Juifs de Salonique », en 1943, à Auschwitz et à Treblinka. Il fut signalé alors dans la presse qu'en 1948 la commission des crimes de guerre des Nations unies avait été saisie du cas Waldheim par la Yougoslavie, qui l'accusait de meurtres et d'exécutions d'otages sur son territoire. Mais le gouvernement yougoslave semblait avoir depuis longtemps renoncé à exploiter cette affaire. Fidèle au principe énoncé par Graham Greene, selon lequel l'espionnage contemporain a pour principal objectif de semer la discorde parmi les alliés du camp adverse, il refusa de divulguer le moindre document. Ceux dont on disposait ne permettaient pas de confondre Waldheim. Le 8 juin 1986, celui-ci fut élu président de la République autrichienne. Huit mois plus tard, une commission d'historiens « chargée d'établir la vérité » publia ses conclusions : Waldheim savait ce qu'il avait nié savoir ; il avait connu les crimes de guerre commis dans les Balkans, mais il n'y avait pas été personnellement mêlé.

Kurt Waldheim visita le musée national d'Auschwitz-Birkenau le 7 juillet 1972. Dans le Livre, il inscrivit en anglais :

« Deeply moved by what I have seen ! » (« Profondément ému par ce que j'ai vu ! ») – où le point d'exclamation prête main-forte à des mots que leur auteur peut avoir jugés, après coup ou en les écrivant, pas assez expressifs.

Waldheim passe pour avoir été un fonctionnaire appliqué, ennuyeux et d'une compétence discutable. Son graffiti, qu'il jugea peut-être, sinon indécent, du moins déplacé, de rédiger dans sa langue allemande, témoigne de son application. De n'importe qui, on le trouverait banal. Venant de lui, on ne peut s'empêcher de penser qu'il en a pesé chaque terme. Son affaire nous a rendus soupçonneux. Et le soupçonneux traduira : « Je n'ai pas été ému par ce que je n'ai pas vu. » Or, à Auschwitz, point n'est besoin d'être historien pour comprendre qu'il y a beaucoup de choses qu'on ne voit pas et qu'il ne peut pas en être autrement.

Lorsque Primo Levi y retourna en 1965, à l'occasion d'une commémoration, la visite du camp principal (Auschwitz-I) ne lui fit pas grande impression. C'était devenu « une sorte de monument national » avec des baraques « nettoyées et repeintes », des arbres récemment plantés et des plates-bandes. Au musée, ajoutait-il, « sont exposés de pitoyables vestiges : des tonnes de cheveux humains, des centaines de milliers de lunettes, des peignes, des blaireaux, des poupées, des chaussures d'enfants ; mais cela reste un musée, quelque chose de figé, de réordonné, d'artificiel... ».

À Birkenau, au contraire, il éprouva une violente angoisse : « Il y avait de la boue, et il y a encore de la boue, ou bien une poussière suffocante l'été ; les baraques (celles qui n'ont pas été incendiées lors du passage du front) sont restées comme elles étaient : basses, sales, faites de planches disjointes, avec un sol de terre battue ; il n'y a pas de couchettes, mais de larges planches de bois nu superposées jusqu'au plafond. Là, rien n'a été enjolivé [...]. Sur chacune de ces planches – d'un mètre quatre-vingts sur deux –, on faisait dormir jusqu'à neuf femmes [...]. De la fenêtre, on voit les ruines du four crématoire ; à cette époque-là, on voyait la flamme en haut de la cheminée... »

C'est au printemps 1943 que furent construits les quatre crématoires de Birkenau. Selon Filip Müller, rescapé des *Sonderkommandos*, chacun de ces crématoires comprenait « quinze fours, un grand vestiaire d'environ deux cent quatre-vingts mètres carrés et une grande chambre à gaz où on pouvait gazer jusqu'à trois mille personnes à la fois ». Filip Müller se souvient que sur les piliers de soutènement du vestiaire souterrain d'un de ces crématoires étaient placardées des inscriptions en toutes les langues : « Sois propre ! », « Un pou. Ta mort ! », « Lave-toi ! », « Vers la salle de désinfection ». Elles étaient destinées à faire croire aux condamnés qu'ils allaient à la douche.

Avant d'abandonner Auschwitz-I et Birkenau, les Allemands dynamitèrent tout ce qu'ils purent. Les fours du crématoire nº 1, le mur des exécutions et la potence de la place de l'Appel ont été reconstruits. Des quatre crématoires en béton armé, il ne reste que des ruines dans lesquelles on ne se représente le fonctionnement des chambres à gaz et des fours que grâce à ses lectures et aux commentaires des guides. Un visiteur mal disposé, dédaigneux de ces guides, sourd aux témoignages les plus accablants, pourra toujours se persuader qu'il n'a rencontré sur son chemin aucun crématoire. Il n'en aura pas vu non plus monter ces « puissantes colonnes de fumée » formant, comme se le rappelait Borowski, « un fleuve immense et noir qui, très lentement, se tourmente dans le ciel au-dessus de Birkenau et disparaît derrière les forêts, du côté de Trzebinia ».

Agacé par les inscriptions routinières d'un consul et d'un ambassadeur français, je tournai rapidement les pages des années 1973 et 1974. J'y relevai la trace d'un ministre français des Anciens Combattants et Victimes de guerre. Il n'avait rien inscrit. Il n'avait pas signé. Incapable de deviner de qui il s'agissait, je fis des recherches : cet oublieux ou ce timide, c'était André Bord, qui le premier, dans le gouvernement Messmer, prit connaissance du document « permettant de penser » que Georges Marchais, premier secrétaire du parti communiste français, « avait travaillé volontairement dans l'industrie de guerre allemande en 1942 et en 1943 ».

* *
*

Signèrent ensuite le Livre d'Auschwitz des communistes de la République fédérale d'Allemagne, l'Italien Aldo Moro et des cyclistes du Tour de Pologne de 1974.

C'est vers la fin de cette année-là, ou au début de la suivante, que le révisionniste Robert Faurisson, abusant un service culturel français tatillon, mais naïf et mal informé, effectua en Pologne un voyage dont j'eus connaissance lorsque je fus nommé une première fois à Cracovie, à la fin de 1975. Son essai sur ce qu'il appelait « le mythe Lautréamont », paru en 1972, annonçait la couleur : « Vingt ans après la Première Guerre mondiale, le mythe des enfants aux mains coupées par les Allemands avait encore cours [...]. La Seconde Guerre mondiale a suscité des mythes encore plus extravagants mais il ne fait pas bon s'y attaquer[1]. »

À Cracovie, où il fit des conférences sur Nerval à l'université Jagellonne, Faurisson disposait d'assez de temps libre pour se rendre à Auschwitz et y séjourner. Il y fut hébergé par un chauffeur de taxi, parent d'un professeur cracovien. Il visita le musée et y commanda des documents qu'il paya probablement d'avance. Le soir, le chauffeur de taxi surprit Faurisson dans sa chambre dans une curieuse posture. Il avait éteint la lumière électrique et allumé des bougies. À quelle sorte de messe noire se livrait le professeur de littérature ? Quelle sorte de papiers consultait-il à la lueur des bougies ? C'est resté un mystère.

À son retour d'Auschwitz, Faurisson qualifia son hôte de personnage « primitif, lourd, trivial et vulgaire ».

Des témoins m'ont affirmé que Faurisson, à Cracovie, aimait courtiser les dames, mais jusqu'à un certain point. Il leur écrivait des poèmes d'amour. Celle qui l'accompagna dans Cracovie se souvient qu'il avait « une conversation agréable, brillante et intelligente », parsemée toutefois d'opinions antisémites telles que « les Juifs ont une intelligence épaisse ».

1. Robert Faurisson, *A-t-on lu Lautréamont ?* Gallimard, 1972, p. 339.

« Il logeait à l'hôtel Cracovia, me raconta-t-elle le jour où je l'invitai à me confier ses souvenirs. J'y ai dîné ou déjeuné une fois avec lui. Il critiquait le gouvernement polonais et il nous critiquait nous. Quand je respectais un feu rouge, il objectait : "Vous êtes à ce point disciplinés que vous n'osez rien faire !" Je l'ai amené à l'Institut français pour le présenter au directeur. Je l'ai aussi accompagné chez Stanislaw Mucha, le photographe qui, en 1945, prit les premières photos du camp d'Auschwitz abandonné par les Allemands. Mucha habitait entre les Planty et les allées Slowacki. Il se déplaçait sur une chaise roulante. Faurisson l'a interrogé. Je traduisais. Il prenait des notes. Moi, non. Quand on traduit, on ne prend pas de notes. Je ne comprenais pas où il voulait en venir. Mucha ne lui a rien dit qui puisse laisser penser que les chambres à gaz n'existaient pas. Faurisson aurait voulu visiter aussi les camps de Treblinka et de Maïdanek, mais il n'a pas pu y aller à cause d'une forte grippe. »

Rentré en France, Faurisson écrivit à son accompagnatrice des lettres de moins en moins aimables. Il n'avait pas pu emporter les documents commandés à Auschwitz et il souhaitait les recevoir au plus tôt :

« Téléphonez à Auschwitz. J'attends mes documents. Ils ne sont pas arrivés. Insistez pour qu'on me les envoie. »

La jeune dame n'avait pas le téléphone. Pour téléphoner, il lui aurait fallu faire la queue à la poste. Elle n'en avait pas envie. Et pour réclamer quoi ? Des écrits ? Des photos ? Elle l'ignorait. La dame se plaignit au directeur de l'Institut français. Celui-ci, comprenant à quel usage Faurisson destinait les documents, alerta le conseiller culturel de l'ambassade de France à Varsovie. J'ignore comment celui-ci intervint, mais Faurisson cessa de tourmenter la dame.

Faurisson obtint-il les documents qu'il convoitait ? Si oui, cela pourrait signifier que les services secrets polonais avaient une idée derrière la tête, car ils s'y entendaient en vol et confiscation de documents de toutes sortes. Il n'est pas invraisemblable que, tandis que leurs dirigeants politiques blâmaient les revanchards allemands, ces services encourageaient en sous-main la théorie selon laquelle les chambres à gaz n'auraient pas existé, car elle avait de fortes chances, selon les supputations de Moscou, de Varsovie ou de Pankow, voire de Belgrade, de confirmer aux yeux du monde que ces revanchards occidentaux progressaient dans leur travail de sape et qu'il convenait de redoubler de vigilance.

Pierre Vidal-Naquet nous fait observer que la formule qui rendit Faurisson célèbre : « Jamais Hitler n'a ordonné ni admis que quiconque fût tué en raison de sa race ou de sa religion », fut diffusée « à partir, semble-t-il, de 1978 ». Les propos voilés de Faurisson, dans son *Lautréamont*, sur l'inexistence des chambres à gaz datent de 1972. Sa visite à Cracovie et à Auschwitz eut lieu entre ces deux dates, peu de mois après la révélation par le *Canard enchaîné*, le 17 juillet 1974, d'une lettre dans laquelle il demandait à un spécialiste israélien si les chambres à gaz n'étaient pas un mythe. Quand on songe qu'une dizaine d'années après ce voyage, le service culturel de l'ambassade de France à Belgrade voulut imposer à Vidal-Naquet, venu faire des conférences en Yougoslavie, de s'en tenir à l'histoire méditerranéenne antique, ce qui écartait la guerre d'Algérie du programme, on est consterné qu'un Faurisson ait réussi, en Pologne, à déjouer les radars d'un service culturel du même type[1].

1. Ces conférences eurent lieu au printemps 1983. Vidal-Naquet parla de Platon à Belgrade et de l'affaire Dreyfus, tout de même, à Zagreb.

Le 18 juin 1975, Valéry Giscard d'Estaing, président de la République depuis un an, visite Auschwitz en compagnie d'Edward Gierek. Son graffiti :

« Puisse chacun et chacune de ceux qui ont attendu et espéré ici jusqu'au dernier instant, reposer toujours dans la paix. »

À première lecture, cela sonne émouvant et juste. Le graffiti appartient au registre de l'humilité, déjà illustré par André Bettencourt. Plus on le relit, toutefois, plus il dérive de l'endroit où il fut écrit pour convenir à toutes sortes de drames. À l'intention des disparus du *Titanic*, on ne s'étonnerait pas d'entendre un président déclarer, lors d'une commémoration : « Puisse chacun et chacune de ceux qui ont attendu et espéré à bord jusqu'au dernier instant, reposer toujours dans la paix. » « Chacun et chacune » ressemble au « Françaises, Français » des discours présidentiels. Giscard n'avait pourtant pas pour habitude de faire voter les morts.

Les prisonniers d'Auschwitz étaient des « morts au monde », des parias « ignoblement asservis, sans cheveux, sans honneur et sans nom », qui apprenaient vite « à effacer, d'un coup d'éponge, passé et futur ». C'est Primo Levi qui l'affirme.

Attendre, espérer ? Beaucoup passèrent directement des convois à la chambre à gaz. Les autres devaient considérer, comme le chimiste italien dont Auschwitz fit un écrivain, que, « quand on attend, le temps avance tout seul [...], tandis que quand on travaille, chaque minute nous parcourt douloureusement et demande à être laborieusement expulsée. Nous sommes toujours contents d'attendre, nous sommes capables d'attendre pendant des heures, avec l'inertie totale et obtuse des araignées dans leurs vieilles toiles ».

Le graffiti de Giscard d'Estaing ne concerne que ceux qui sont morts au camp, pas les survivants. Il exprime religieusement le vœu, avec des paroles chrétiennes, que ces morts d'Auschwitz reposent en paix. La question se poserait donc ? Après tout ce qu'ils ont subi, comparé à quoi la crucifixion n'est peut-être pas ce qu'il y a de pire, on voudrait que la paix au moins ne leur fût pas assurée ? Il ne manquerait plus que ça !

* *
*

Près du graffiti de Giscard d'Estaing, on cherche en vain les impressions d'Edward Gierek. Les chefs d'État et de gouvernement communistes de Pologne et les premiers secrétaires du parti communiste polonais ne vont guère à Auschwitz, bien qu'ils encouragent leurs homologues étrangers, surtout ceux de l'Ouest, à s'y rendre. Quand ils font le geste peu ordinaire d'y accompagner un invité, ils n'inscrivent rien pour bien marquer qu'ils sont là chez eux. Auschwitz n'est pas une enclave internationale, mais relève de la commune d'Oswiecim, de la voïvodie de Bielsko-Biala ou de Cracovie, selon l'époque, et de l'État polonais. En 1996, le président Kwasniewski n'inscrira rien non plus. Seule sa femme, nous le verrons, consignera dans le Livre une réflexion insolite.

Valéry Giscard d'Estaing fut suivi de peu, discrètement, le 29 juillet 1975, par Gerald Ford, qui tant bien que mal présidait les États-Unis depuis la destitution de Richard Nixon.

Aucun président américain n'avait signé avant lui le Livre du Souvenir. Il ne fit aucun effort pour marquer d'une inscription mémorable son geste sans précédent.

Des travailleurs de Skopje, la capitale macédonienne, puis un orchestre yougoslave, lui succédèrent. Dix ans plus tard, le 26 mars 1986, viendrait le tour de Vidoje Zarkovic, haut responsable du parti communiste yougoslave. Un examen approfondi du Livre confirmerait peut-être, à l'époque communiste, la forte présence des Yougoslaves parmi les visiteurs d'Auschwitz auxquels le Livre fut présenté. À la différence des Français, qui en ce temps-là, m'a-t-il semblé, furent les plus nombreux des signataires occidentaux, ces Yougoslaves n'étaient pas en majorité des officiels. À l'instar de leurs collègues des pays frères, les dirigeants de la Yougoslavie communiste se déplaçaient peu, alors que les citoyens yougoslaves ordinaires voyageaient hors de leur pays plus facilement que les Polonais ou les Hongrois, pour ne rien dire des Soviétiques. Y eut-il volonté officielle, de part et d'autre, de montrer, à travers le Livre, une espèce de convergence entre Yougoslavie et Pologne ? Ce n'est pas impossible. La Yougoslavie était bien plus arrimée au bloc de l'Est qu'il n'y paraissait. Son attitude dans l'affaire Waldheim est troublante. En 1948, année de la création de l'État d'Israël approuvée par Moscou, elle accuse de meurtre l'officier autrichien. Peu de temps après, elle laisse l'affaire s'enliser. Le massacre des Juifs par les Allemands n'est pas ce qui, de la Deuxième Guerre mondiale, retient le plus son attention. Elle paraît souhaiter que l'on confonde tous les crimes allemands dans les Balkans, les exécutions de partisans et les déportations de Juifs. Certains soutiennent que, Waldheim ayant été retourné, comme le démontreraient les décisions de l'O.N.U. qu'il facilita, toutes favorables, soulignent-ils, aux pays arabes et contraires aux intérêts d'Israël, aucun des pays communistes européens n'avait plus intérêt à s'acharner contre lui. L'hypothèse mérite sans aucun doute examen. Ajoutons que, d'après Simon Wiesenthal, la Yougoslavie n'entreprit jamais « les démarches nécessaires à l'extradition » de Syrie du criminel de guerre allemand Aloïs Brunner, pourtant responsable de la déportation des Juifs de Macédoine. Mais les traces dans le Livre des humbles Yougoslaves en visite à Auschwitz, des sportifs du Banat aux travailleurs de Skopje, pouvaient en cas de besoin certifier que la Yougoslavie n'avait rien à se reprocher.

Durant la seconde moitié des années soixante-dix, on observe dans le Livre trois phénomènes : apparition de responsables allemands de l'Ouest, intervention précipitée de communistes français, affluence de religieux.

Simone Veil, rescapée d'Auschwitz, revenue en Pologne en 1960 à l'occasion du quinzième anniversaire de ce qu'on appelle parfois la libération du camp, « célébré par les autorités, précise-t-elle, comme un très grand et très émouvant événement », effectua un voyage officiel à Varsovie en tant que ministre de la Santé en 1977 et expliqua par la suite qu'on l'avait empêchée, cette fois-là, de se rendre à Auschwitz : « C'est tout juste si on semblait comprendre de quoi je parlais. »

Le chancelier de la République fédérale d'Allemagne, Helmut Schmidt, y fut pourtant très bien accueilli le 23 novembre de la même année, quoiqu'il eût porté pendant la guerre l'uniforme de la Wehrmacht. Il n'écrivit rien de sa main dans le Livre. Sa déclaration imprimée, d'environ quarante lignes, fut collée dans une traduction en polonais. Conçue et écrite ailleurs, elle ne relève pas du genre littéraire dont nous nous occupons ici. Nous la laisserons de côté.

Quelqu'un qui signe et qui n'écrit rien, on peut interpréter son silence. Quelqu'un qui rédige un texte appris par cœur peut toujours feindre d'improviser et n'est pas à l'abri d'une erreur, d'un lapsus, voire d'un accès de spontanéité. Mais celui qui fait remettre aux autorités un discours préparé d'avance ne saurait être tenu, à mon avis, pour un des coauteurs du Livre.

* *
*

L'approche de l'explosion polonaise d'août 1980, donna des ailes, un peu tard, aux communistes français. Le 14 février de cette année-là, Charles Fiterman, numéro deux du parti communiste, se fendit d'une dizaine de lignes, que l'on traduisit en polonais, où il citait Edward Gierek, donnant ainsi à comprendre qu'il lui apportait son soutien. Malheureusement, les gardiens du Livre, qui n'avaient guère entendu parler de lui, eurent bien du mal à déchiffrer son nom qu'ils écrivirent «Piterman». Dans le même Livre, pareille mésaventure survint quinze ans plus tard à Boutros Boutros Ghali qui devint Bartos Ghali.

Gierek fut renversé en septembre 1980, malgré le renfort, le 5 août, de Roland Leroy, directeur du quotidien communiste *L'Humanité*, que le Livre ne rendit guère bavard. Entre Fiterman et Leroy, une délégation de postiers français vint à Auschwitz le 14 juillet apporter la bonne nouvelle.

* *
*

Auparavant, entre Schmidt et son ministre Genscher, Billy Graham était passé par là. Ce chef de l'Église baptiste, leader d'une association évangélique baptisée de son nom, confident et partenaire au golf d'Eisenhower, de Johnson et de Nixon, se révéla moins loquace dans le Livre que devant les quinze mille personnes qui l'écoutèrent chaque soir à Bercy pendant huit jours.

Karol Wojtyla ne se confia pas davantage.

Il vint pour la première fois à Auschwitz, en qualité de pape, le 7 juin 1979, au cours de son premier voyage officiel en Pologne. Quelques heures plus tôt, à quarante kilomètres de là, je l'avais écouté, dans sa ville natale de Wadowice, s'adresser familièrement à une foule affectueuse et somnolente, qui l'avait attendu plusieurs heures au soleil.

Dans le Livre, le pape signa Jean Paul II, en polonais, et n'écrivit rien, sauf le mot «pape», en polonais également et sans majuscule. Il se rapprochait par là de «l'épitaphe synthétique» dont Ramón Gómez de la Serna donne pour exemple en espagnol «il fut», c'est-à-dire «il vécut». Dans le cas de Jean Paul II, «pape» semble plutôt signifier «il vint».

Qu'on n'attende pas de moi que je lui reproche ce laconisme. Il le compensa, et de beaucoup, lorsque pendant une messe à l'intérieur du camp, il évoqua dans son homélie le peuple « dont les fils et les filles étaient destinés à l'extermination totale [...], ce peuple qui tire ses origines d'Abraham, notre père dans la foi », et en condamnant toute « idéologie dans laquelle les droits de l'homme sont assujettis aux exigences d'un système [...] au point de ne plus exister du tout en pratique ». Adressée en un tel lieu à des fidèles en majorité hostiles à l'U.R.S.S., cette déclaration revenait implicitement à comparer, pour la première fois en Pologne, du moins en public, les deux oppressions, celle des Allemands et celle des Soviétiques. Contrairement à la B.B.C., la radio française en évita tout commentaire qui eût risqué d'indisposer Gierek à Varsovie et Brejnev à Moscou.

Prenons garde aussi que le mutisme d'un religieux n'a pas la même valeur que celui d'un homme politique. Je m'explique. Lorsqu'un prisonnier d'Auschwitz demande pourquoi on lui interdit de détacher un glaçon de l'appui extérieur d'une fenêtre et que le gardien lui répond : « Il n'y a pas de pourquoi », ce brutal rejet n'a rien à voir avec les premiers mots d'un célèbre vers d'Angelus Silesius dans *L'Errant chérubinique* : « La rose est sans pourquoi. » Souvenons-nous de la recommandation de Primo Levi : « La haine nazie [...] est étrangère à l'homme, c'est un fruit vénéneux issu de la funeste souche du fascisme, et qui est en même temps au-dehors et au-delà du fascisme même. Nous ne pouvons pas la comprendre ; mais nous pouvons et nous devons comprendre d'où elle est issue [...]. Si la comprendre est impossible, la connaître est nécessaire... » Dans le Livre d'Auschwitz, aucun homme politique, aucun artiste, aucun sportif n'a ébauché l'ombre d'une réflexion semblable. Le pape, au contraire, a distingué ces deux plans de la compréhension : dans son homélie, il riposte aux gardiens qui interdisent le pourquoi ; dans le Livre d'Auschwitz, il se tait car la rose est sans pourquoi, ainsi que le fruit vénéneux. Beaucoup eussent préféré qu'il s'exprimât dans le Livre et ne prononçât pas d'homélie, ce qui aurait pu me convenir : caressant les anticléricaux dans le sens du poil, je me serais amusé à l'épingler, comme la plupart des autres signataires ; mais j'ai passé l'âge de protester de ma mauvaise foi.

* *
*

Jean Paul II eut droit à quatorze photographies. Pour le moment, c'est le record. Il sera difficile à égaler. Derrière lui, dans un classement qui porte sur une trentaine d'années, on relève, dans l'ordre, de Gaulle (douze photographies), Helmut Schmidt (dix), Giscard d'Estaing, Billy Graham et Francesco Cossiga (neuf), Chaban-Delmas (huit), le Dalaï-Lama, Raïssa Gorbatcheva et Shimon Peres (sept), Mitterrand (six), Fidel Castro, Jane Fonda, George Bush, le roi Juan Carlos et Helmut Kohl (cinq), Kurt Waldheim (quatre).

Le 26 avril 1980, furent collées trois photographies du tournage à Auschwitz d'un film de Zanussi sur le pape, intitulé : *D'un pays lointain*.

Venus bien après ce tournage, les bouddhistes d'Hiroshima n'écrivirent rien. Ils n'eurent droit à aucune photographie.

Le pire, ce sont les hommes politiques, les hommes d'État, qui, penchés sur le Livre ouvert, se prennent pour des religieux. Le roi des Belges, Baudouin 1er, accompagné de la reine Fabiola, inscrivit le 11 octobre 1977 cinq lignes décourageantes de banalité et ajouta :

« Que Dieu protège la Pologne ! »

Ce cri du cœur, le néophyte l'aurait attendu évidemment du pape ou de Billy Graham, peut-être des bouddhistes japonais.

On se souvient que physiquement, pour incarner la piété, Baudouin n'était pas du tout *off cast*. Ce cri, en revanche, a quelque chose d'anachronique. Un historien, même néophyte, l'eût admis en 1939 ou en 1945. On se demande pourquoi il résonna ce 11 octobre 1977. On ignore de quoi Dieu fut prié de protéger la Pologne en ce début d'automne. Des maux dont elle souffrait déjà ? Du froid précoce ? De remous ultérieurs dont les prémisses ne se laissaient pas clairement discerner ? À cette époque où j'exerçais mes talents en Pologne, le seul événement dont je me souvienne, à proximité de ce 11 octobre, c'est la visite à Katowice d'Alekseï Kossyguine, président du Conseil des ministres de l'U.R.S.S., venu à une cinquantaine de kilomètres d'Oswiecim inaugurer les aciéries de Huta-Katowice.

Ne cherchons plus. Parions que Baudouin intercédait en faveur de la Pologne de toujours et que, ne reculant devant aucune audace, il tenait à inscrire dans le Livre le mot « Dieu ».

Et que penser des galimatias ministériels ? Notre Livre en contient de bien embarrassants, pas seulement pour leurs auteurs. S'il fallait n'en conserver qu'un, je retiendrais, afin de n'être pas taxé de chauvinisme, celui d'un ministre français de la Culture. Valéry Giscard d'Estaing le gratifia de cet éloge : « Jean-Philippe Lecat [...], homme spirituel, insouciant [...]. Je retrouve chez lui cette légèreté de l'esprit français, incompréhensible pour les étrangers, qui la prennent pour de l'irresponsabilité... » Le lecteur vérifiera que les étrangers en question ne manquent pas de discernement.

Nous sommes en juillet ou en août 1980. Le ministre de la Culture omet de dater son griffonnage et d'indiquer sa fonction, comme si tout le monde avait entendu parler de lui. Il déclare :

« L'union de tous les hommes doit, malgré les obstacles, se faire pour que le monde ne connaisse plus ce qui a été. »

Pourquoi ce charabia ? Parce que monsieur le ministre fait des manières, monsieur le ministre se contorsionne, sentant venir avec inquiétude, sous sa plume, un graffiti de moraliste tiède.

* *
*

Un autre membre du gouvernement Raymond Barre, un certain Maurice Plantier, avait visité Auschwitz peu de temps auparavant. Sa déclaration mérite examen, car elle est unique en son genre. Ce ministre, probablement des Anciens Combattants et Victimes de guerre, commença par affirmer :

« À Auschwitz, l'horreur est telle que les mots sont impuissants et presque profanateurs. »

Que les mots, sans un effort soutenu et rarement récompensé, décrivent mal ce que l'on a vu et éprouvé, voilà qui tombe sous le sens. Que cela paraisse encore plus vrai à Auschwitz, on en conviendra volontiers. Proust observait, au sujet des permissionnaires de la guerre de 14, revenus « des rivages de la mort », que « le seul effet du contact avec le mystère [est] d'accroître s'il est possible l'insignifiance des propos ». Je soupçonne toutefois le ministre d'accuser les mots pour se laver du soupçon de n'avoir pas assez réfléchi à son inscription, de leur en vouloir de ne pas se bousculer sous sa plume en ordre de marche. Il les juge « profanateurs », mais en même temps, il se demande : « Qui suis-je, pour m'en prendre avec autant d'alacrité au langage ? Je ne suis pas Jean-Philippe Lecat. Mon secteur, ce n'est pas la Culture. » Et il ajoute à « profanateurs » ce « presque » par lequel il s'autorise, après condamnation des mots, à écrire quand même.

Si ce ministre avait seulement déclaré : « À Auschwitz, les mots sont impuissants et profanateurs », il aurait fait passer dans le Livre un frisson salutaire, mais il n'a pas voulu s'en tenir là. Il en a rajouté, le bougre, enfilant six lignes de platitudes que ma vertueuse plume refuse de communiquer au lecteur.

Un qui ne recule pas devant les profanations, c'est le Syrien.

Avec amertume, je venais de franchir 1981. Le 13 décembre de cette année-là, le général Jaruzelski, ne parvenant pas à se défaire de Solidarité au moment où les Soviétiques s'enlisaient en Afghanistan, instaura l'état de siège en Pologne. Pendant plusieurs années, ce pays n'accueillit aucun visiteur étranger de marque. Les premiers Occidentaux à revenir, à partir d'octobre 1984, furent les ministres des Affaires étrangères d'Autriche et de République fédérale d'Allemagne. Je tournai rapidement les pages des années 1982 et 1983. J'allais faire de même de celles de 1984 lorsque j'y aperçus, à la date du 3 juin, deux inscriptions du Syrien Nobih Akel, professeur à l'université de Damas, conseiller du président Hafez el Assad.

Nobih Akel écrivit d'abord, dans un français approximatif, un rien comique :

« C'est incroyable qu'au début du vingtième siècle l'homme a pu être si cruel contre son confrère mais je pense et j'ai toujours pensé que les Nazis *[sic]* n'étaient pas humains mais il y a aussi de nos jours de tels massacres encore plus cruels commises *[sic]* par des confrères à ces martyres contre les arabes. »

Dans *Shoah*, de Claude Lanzmann, un paysan de Treblinka énonce quelque chose d'approchant : « Maintenant, quand on y pense, on ne comprend pas comment un homme peut faire ça à un autre être humain. C'est inconcevable, on ne le comprend pas. » Mais ce paysan n'ajoute pas qu'il y eut pire, au Proche-Orient, que les crimes de Treblinka ou d'Auschwitz.

Nobih Akel accoucha ensuite de quelques lignes en anglais qui diffèrent légèrement des précédentes et dont voici ma traduction :

« J'ai toujours eu un grand mépris pour le nazisme. Ma visite a augmenté ce mépris et ma haine. Mais ce qui est inquiétant, c'est la pratique du nazisme de nos jours par les Israéliens contre les Arabes. Les massacres de Deir-Yassin, Sabra, Chatila et bien d'autres témoignent clairement de cette pratique. »

Ce professeur syrien n'a pas le sens des majuscules. Il en met une à « nazi », il n'en met pas toujours une à « arabe ». Il ne possède guère non plus le sens des dates : « au début du vingtième siècle » est d'une précision douteuse. Ces négligences tendent à confirmer que l'université de Damas avait alors perdu « toute crédibilité scientifique », ainsi que nous en avertit Michel Seurat. Nobih Akel était-il jaloux de ce camp d'Auschwitz où du monde entier accourent des signataires ? Avait-il prémédité d'épancher sa bile dans le Livre ?

Additionnant ses deux graffiti, nous pouvons décortiquer son argumentation de la manière suivante :

— sa visite d'Auschwitz lui a révélé que les nazis étaient encore plus inhumains qu'il ne le croyait ;

— il n'en estime pas moins que les Israéliens (il n'emploie pas le mot « juif ») se comportent comme les nazis ;

— les massacres d'Arabes par les Israéliens sont même plus cruels ;

— il en donne pour exemple les massacres de Deir-Yassin (9 et 10 avril 1948) et de Sabra et Chatila (16, 17 et 18 septembre 1982).

La durée de ces massacres, leur caractère local et le nombre de morts (un peu plus de deux cent cinquante à Deir-Yassin, environ trois cents à Sabra et Chatila) suffisent à invalider un tel rapprochement. Pierre Vidal-Naquet affirme que l'expulsion des Palestiniens « ne peut se comparer » avec les déportations effectuées par les nazis et que « le massacre de Deir-Yassin par les hommes de l'Irgoun et du groupe Stern [...] peut être rapproché », non pas d'Auschwitz, mais d'Oradour-sur-Glane dont, le 10 juin 1944, les S.S. massacrèrent la population entière, soit six cent quarante-deux personnes. Vidal-Naquet fait observer aussi que « les Syriens ont massacré à Hama beaucoup plus de Syriens que les Phalangistes (libanais) sous contrôle israélien n'ont massacré de Palestiniens ». Entre sept mille et quinze mille, selon Michel Seurat. Même avec cet exemple-là, on reste loin du compte effroyable d'Auschwitz où, rapporte Borowski, « les gens s'écoulent comme de l'eau d'un robinet ouvert ».

En Pologne, Nobih Akel plaida en somme que les Arabes

sont les Juifs d'aujourd'hui et que les Israéliens en sont les nazis. Il n'est pas sûr que ces invectives, étalées avec arrogance dans le Livre d'Auschwitz, furent entendues à Varsovie. Depuis les purges des années soixante, les slogans antisémites officiels étaient passés de mode. En 1982, Gomulka mourut, dans l'indifférence générale. Les anciennes pratiques antijuives visaient désormais les catholiques. Le père Popieluszko, enlevé par des policiers le 19 octobre 1984, fut assassiné et son corps découvert le 30 octobre.

En juillet 1998, à l'occasion de la visite à Paris de Hafez el Assad, l'on a reparlé momentanément d'Aloïs Brunner, l'un des pires criminels du IIIe Reich, selon toute vraisemblance réfugié en Syrie. Dans *Justice n'est pas vengeance*, Simon Wiesenthal lui consacre un chapitre, *Le bras droit du démon*, où il rappelle que Brunner organisa, sous les ordres d'Eichmann, la déportation de quarante-sept mille Juifs viennois, de cinquante mille Juifs de Salonique, de huit mille Juifs de Macédoine, de vingt-trois mille Juifs français, de quatorze mille Juifs slovaques. Après la défaite de l'Allemagne, Brunner échappe aux recherches en changeant d'identité. En 1954, muni d'un visa égyptien, il arrive au Caire, puis passe en Syrie. Là (laissons la parole à Wiesenthal), « il est arrêté et avoue sa véritable identité, ainsi que la nature de son travail sous les nazis. Les Syriens l'accueillent alors à bras ouverts. Des amis de Brunner qui vivent en Autriche raconteront plus tard qu'il a accompli, dans les années cinquante et soixante, plusieurs missions pour la Syrie contre ses ennemis libanais et a fini ainsi par obtenir le soutien inconditionnel de son pays d'accueil [...]. Les Syriens ne voient aucune raison de l'extrader vers un pays étranger, quel qu'il soit, malgré les requêtes de la France, ainsi que de l'Autriche et de l'Allemagne. » Peut-être Brunner a-t-il obtenu la nationalité syrienne. Le propriétaire de l'appartement de Damas où il se serait installé en 1992 serait, selon Serge Klarsfeld[1], « un responsable de la garde personnelle d'Assad », auquel Brunner « aurait rendu des services » lors de son coup d'État de 1970.

* *
*

1. *Libération*, 16 juillet 1998.

Revenant aux récriminations du Syrien, je ne peux m'empêcher d'y lire un appel à des représailles. Je me reconnais, devant elles, pareil au saint Antoine de Flaubert, sur sa montagne, dans la Thébaïde, lorsque, à la lueur d'une torche, il feuillette la *Vie des Apôtres* et y voit des descriptions de massacres.

Avec quelle perfidie s'opèrent les retournements ! Les massacres dont saint Antoine prend connaissance furent commis par des Juifs. Le jour de mon investigation, dans la rue longeant le bâtiment qui abrite les archives, un jeune Israélien circule, agitant un immense drapeau de son pays.

L'inquiétude me gagne, comme si la guerre du Proche-Orient s'était infiltrée dans le camp. Devant mes graffiti, je fais le vœu, chimérique, de pouvoir un jour précipiter le Syrien, Moczar, Waldheim, le jeune homme avec son drapeau (pour une brève trempette, celui-là, qu'on n'aille pas se méprendre sur mes intentions), Castro peut-être et quelques autres (la liste, on le verra, n'est pas close), dans la neuvième bolge du huitième cercle de l'Enfer où se lamentent, coupés en deux, les semeurs de discorde. Ensuite, je retrouve mes esprits. Je retrouve aussi…

… Maurice Schumann. En novembre 1970, il avait accompagné Jacques Chaban-Delmas à Auschwitz. Revenu le 13 juillet 1986, en qualité de sénateur, à la tête d'une délégation d'« Amitié franco-polonaise », il pontifia :

« Cinq années n'avaient pas effacé la souvenance de ce pèlerinage au fond de l'abîme. Mais, pour apprendre à détester sans défaillance la guerre et la tyrannie, mes petits-enfants, après mes enfants, suivront à leur tour le chemin de croix le plus cruel de la longue histoire des hommes. »

Porte-parole à Londres de la France combattante, admirateur du Malraux de la guerre civile espagnole, c'est Maurice Schumann qui présente avec grandiloquence le film de ce dernier, *Espoir*, avant le générique. Démocrate chrétien peu employé par de Gaulle après la guerre, il lui fallut attendre de Pompidou la consécration. Avec Mitterrand, il s'entendit mieux qu'on ne l'eût souhaité. La dernière fois qu'il le visita à l'Élysée, il s'entretint avec lui, pendant une heure, de Thomas More et de Mazarin.

Il intitula platement son livre sur de Gaulle *Un certain 18 juin*. Sur le tard, il entra à l'Académie française. Un excès de sévérité, sans doute, m'invite à lui appliquer le jugement de Primo Levi sur Vercors : « Intolérablement infecté d'esthétisme et de vanité littéraire ».

Dans le Livre, Maurice Schumann s'exprime avec difficulté, bien que les mots lui viennent sans effort. Il bafouille de générosité impétueuse. À « souvenir », il préfère « souvenance », plus nostalgique. Mesure-t-il à quel point ce mot, à Auschwitz, est déplacé ? *Combien j'ai douce souvenance / De ce doux pays de France…*, aurait chanté Marie Stuart. Il confond l'abîme avec la trace incomplète qu'il en reste. Il combat encore la guerre et la tyrannie, comme à l'époque où l'on connaissait mal les camps, alors que c'est d'extermination qu'il s'agit. Il se trompe de date : quinze ans auparavant, il a visité Auschwitz avec Chaban-Delmas, et non pas cinq ans. Il nous présente ses enfants, ses petits-enfants, qui faisaient peut-être partie du cortège. Osons reconnaître entre nous que, gentiment, il radote. Sa formule : « le chemin de croix le plus cruel de la longue histoire des hommes », ébauche, du point de vue qui est le sien, une synthèse des souffrances chrétienne et juive, mais semble céder à la tentation, si fréquente et si malvenue, de baptiser les victimes d'Auschwitz.

Si Schumann avait su quel propos expéditif succéderait, dans mon opuscule, à sa prolixité !

Jane Fonda arriva à Auschwitz au mois de février 1987, accompagnée de son mari Tom Hayden, dont un commentaire, ajouté ultérieurement au Livre, nous rappelle qu'il fut aux yeux des Soviétiques et de leurs alliés, du moins dans leur langage officiel, comme de certains intellectuels fortunés de la côte ouest des États-Unis, un « célèbre militant pour la paix ».

La star écrivit sobrement, mais avec énergie :

« *Never again.* »

Ce qui ne l'engageait à rien puisque ce qui fut perpétré à Auschwitz n'a guère de possibilité de se reproduire. Les administrateurs du Livre entourèrent son graffiti de plus de photos qu'Edward Kennedy n'en mérita. Afin de bien saisir la signification de sa visite, remémorons-nous quelques exploits de sa vie d'actrice engagée.

En 1969, l'année où elle préféra *On achève bien les chevaux* à *Bonnie and Clyde* et à *Rosemary's Baby*, Jane prit parti pour les Indiens qui revendiquaient, dans la baie de San Francisco, le rocher d'Alcatraz. Puis, elle se frotta aux Panthères noires, donna de la voix et du film contre la guerre du Vietnam et s'initia au féminisme. Call-girl dans *Klute*, elle fut dans *Tout va bien*, de Jean-Luc Godard, la journaliste dont une grève dessille les yeux. Un de ses biographes américains, Peter Collier, signale que « pendant son séjour à Paris, Jane rencontra secrètement des représentants du gouvernement nord-vietnamien et discuta avec eux de l'éventualité d'un voyage à Hanoi ». Tom Hayden, chantre pour les uns de la « démocratie à base de riz », personnage peu recommandable pour d'autres, dont Emmett Grogan, l'aida à organiser cette visite. Là-bas, on lui montra des digues bombardées et elle adressa par radio, aux soldats américains, des messages pacifistes. Des images de Jane au Vietnam du Nord furent diffusées dans le monde entier. Lorsqu'en 1973, à Los Angeles, elle se maria avec Hayden, leur gâteau de mariage porta pour seul graffiti le mot « paix », en vietnamien. En 1978, elle coproduisit avec Michael Douglas un film à prétentions écologistes. À deux reprises, Tom et Jane se rendirent en Israël, à la suite de quoi Tom, d'abord battu aux élections sénatoriales, fut élu à l'assemblée de l'État de Californie. Amorçant alors un lucratif passage des idées au corps, Jane se consacra à l'aérobic. Leur objectif demeurait le Sénat pour Tom, peut-être un jour la Maison-Blanche. Ils font un premier voyage en Pologne, où ils rencontrent Lech Walesa. En 1985, Jane aide une Juive d'U.R.S.S. à émigrer en Israël, ce qui encourage le couple à quémander des fonds électoraux auprès de la communauté juive américaine. Lorsque, deux ans plus tard, l'actrice profère à Auschwitz son expéditif graffiti, elle ne semble pas encore essoufflée par cette errance désordonnée parmi les causes à défendre.

* *
*

Jean-Luc Godard, après *Tout va bien*, a néanmoins pris sur elle une avance décisive en réalisant avec Jean-Pierre Gorin *Letter to Jane*, dont le texte de la bande-son s'intitule *Enquête sur une image*[1].

Il s'agit d'une photo prise par le collectif Nord-Vietnam/Viêt-cong et diffusée en France par *L'Express* du 31 juillet 1972 avec cette légende : « Jane Fonda interrogeant des habitants de Hanoi après les bombardements américains. » Jane, qui tient dans ses mains un appareil photo accroché à son cou, écoute un Vietnamien que l'on voit de dos. De face, on remarque un autre Vietnamien, légèrement en retrait et un peu flou. *L'Express* ne publie ni les questions posées par Jane, ni les réponses qu'elle obtint ; on ne la voit pas poser de questions, mais écouter, la bouche fermée : « C'est l'Américaine célèbre qui est nette, et le Vietnamien anonyme qui est flou. » De plus, observent les auteurs, l'expression de Jane n'est pas neuve : on la lui a vue dans plusieurs films qui avaient ou n'avaient pas quelque chose à voir avec le Vietnam ; c'est « une expression qui parle, mais qui ne parle que pour dire

1. « Enquête sur une image », dans *Jean-Luc Godard par Jean-Luc Godard*, Éditions de l'Étoile-Cahiers du Cinéma, 1985.

qu'elle en sait long et qui ne dira rien de plus», une expression susceptible de passer, pour toutes sortes de raisons, sur le visage de «n'importe quelle vedette du cinéma, du sport ou de la politique».

Pour nous qui interrogeons les graffiti d'Auschwitz, avec l'espoir de comprendre à quoi ils servent, l'occasion est trop bonne de rapprocher celui de Jane, inspiré par sa visite rapide du camp d'extermination, et l'image, quinze ans plus tôt, de la même Jane, flanquée d'une légende abusive.

Godard et Gorin soulignent que Jane au Vietnam s'est trouvée non pas dans la révolution, comme elle l'a cru, mais devant. Le phénomène se reproduisit à Auschwitz, d'abord parce que Jane s'y rendit, avec Tom Hayden, pour des raisons en partie électorales, ensuite parce que personne, à part les détenus, ne s'est jamais trouvé dans Auschwitz. Primo Levi va même jusqu'à affirmer: «Nous, les survivants, ne sommes pas les vrais témoins [...], nous sommes ceux qui, grâce à la prévarication, l'habileté ou la chance, n'ont pas touché le fond. Ceux qui [...] ont vu la Gorgone, ne sont pas revenus pour raconter [...]. Les engloutis, même s'ils avaient eu une plume et du papier, n'auraient pas témoigné, parce que leur mort avait commencé avant la mort corporelle. Des semaines et des mois avant de s'éteindre, ils avaient déjà perdu la force d'observer, de se souvenir, de prendre la mesure des choses et de s'exprimer. Nous, nous parlons à leur place, par délégation.» La grande différence entre Jane au Vietnam et Jane à Auschwitz, c'est qu'elle aurait pu entrer dans la révolution vietnamienne et qu'il lui aurait été impossible d'entrer dans Auschwitz. De ce point de vue, tous les visiteurs d'Auschwitz se trouvent dans le même cas: le pire de ce qui eut lieu, ils ne peuvent pas se le figurer. Les deux grands écrivains d'Auschwitz, Tadeusz Borowski et Primo Levi, les laissent, et nous avec, devant ce trou noir. Or, que vaut l'inscription péremptoire d'une star qui n'écrit pas, ou pas assez, en connaissance de cause?

Godard et Gorin en viennent bien sûr à se demander «comment le cinéma peut aider le peuple vietnamien à conquérir son indépendance». Notre question à nous sera: comment nos graffiti aideront-ils à percer à jour l'idée que certaines célébrités se font d'Auschwitz et, par là, à détruire les germes d'un tel malheur qui n'auraient pas été extirpés? La première réponse qui vient à l'esprit est que ces graffiti doivent être lus, et pas seulement par ceux qui les écrivent. Ils ne seront lus que si on les publie, donc si on les sort du musée officiel. Étant lus, ils seront confrontés les uns aux autres et critiqués. Il nous importe de savoir quels mots les vedettes de la politique ou du spectacle ont confiés au Livre, après une visite dont leurs visages paraissent tous indiquer, selon les photos, quand il y en eut, qu'elle les accabla. Il nous serait utile qu'ils se sachent observés. Malheureusement, les officiels polonais, au temps du communisme, n'avaient pas intérêt à rendre publics les graffiti, à les exposer à une analyse publique et comparative. Depuis 1990, la situation a changé, puisque le Livre est facilement accessible. Il reste que pour des officiels quels qu'ils soient, comme pour ceux de Hanoi en 1972, la tentation est grande de vouloir seulement que la vedette soit là, qu'elle se soit déplacée, que ses déclarations restent conformes à ce qu'on attend d'elle. On conviendra aussi qu'une photo, plus aguichante qu'un écrit de circonstance, trouve plus facilement preneur.

Les autorités polonaises n'espéraient rien de plus de Jane Fonda que son « *never again* ». Paix au Vietnam, paix dans le monde, paix à Auschwitz. Avec la paix et quelques pointillés à remplir, comme dans un exercice à trous, elles disposaient d'un slogan aussi universel que la pince du même nom. L'ennui, c'est que les guerres, d'habitude, se passent de tels camps et que les camps soviétiques prospérèrent dans la paix. De ce point-là, justement, les dirigeants communistes souhaitaient détourner l'attention : si la paix est incompatible avec les camps, nous invitaient-ils à penser, et si nous sommes tous d'accord pour conserver la paix, on en déduira qu'il n'y a pas de camps en U.R.S.S.

Et quand l'U.R.S.S. n'existera plus ? Des Russes graveront dans le Livre « *Nikogda bolshe* ». Et l'écho traducteur répétera « *Never again* ».

J'eus vite fait de le voir à l'œuvre, cet écho traducteur. Trois mois après Jane Fonda, le ministre belge des Affaires étrangères Leo Tindemans, ancien président du Conseil, fut un des tout premiers hôtes politiques de marque à Auschwitz depuis le 13 décembre 1981. Chercha-t-il l'inspiration, quelques pages plus haut, dans les mots de la star ? À en juger par le résultat, il voulut à la fois lui ressembler et marquer sa différence, exprimer, comme dit le vulgaire, son identité. Aussi écrivit-il deux fois, en français, les mêmes mots :

« Que cela ne puisse plus jamais, plus jamais se reproduire. »

Et comme si l'écho ne résonnait pas assez fort, il récrivit le tout en flamand.

Le « *never again* » de Jane Fonda, repris par le ministre belge, me remit en mémoire (glissement de sens dû à la traduction d'Edgar Poe en français) le « *never more* » du *Corbeau* :

Dis-moi quel est ton nom seigneurial sur les plutoniens rivages nocturnes !

Le corbeau dit : « Jamais plus ! »

Je m'émerveillai fort que ce laid volatile à m'entendre fût si habile

Bien qu'il n'y eût que peu de sens et d'à propos dans sa réponse...

* *
*

J'avoue un faible pour cet oiseau, son vol lourd sur les froides plaines d'Europe centrale, autour des étangs et des lacs, son pas et sa démarche gauches, son bec large, son œil navré des sarcasmes dont on l'accable. À échelle terrestre, le corbeau, c'est l'albatros de Baudelaire en habit de deuil. J'aime la couleur de ses plumes : aile de corbeau, comme les cheveux de Proust. Je trouve injuste que son nom désigne péjorativement des prêtres, ainsi que des fridolins dans *Le chant des partisans*, la célèbre chanson d'Anna Marly, Maurice Druon et Joseph Kessel, et surtout qu'on l'applique aux auteurs de messages anonymes et menaçants. Pendant la Deuxième Guerre mondiale, Pierre Fresnay joua dans *Le Corbeau*, film d'Henri-Georges Clouzot. Lorsque ce film sortit en 1943, dans la France collaboratrice, les camps de transit, ceux de Drancy ou de Compiègne, fonctionnaient à plein régime. Combien de Juifs, menacés par des messages anonymes, puis dénoncés, furent entassés dans des trains de marchandises, des wagons à bestiaux, et expédiés à Auschwitz, petite localité dont ils n'avaient jamais entendu parler et dont ils ne virent quelques habitants, quand ils en virent, qu'à travers les barbelés d'un camp ? À la Madrague-Ville, à Marseille, une de nos voisines du 7 rue de Savoie disparut ainsi, avec ses parents. Elle eut la chance de revenir en 1945, mais sans eux. La chance ? C'était une moribonde. Plus tard, elle devint énorme. Au camp, on lui avait ôté les ovaires. Tel est en tout cas mon souvenir de l'histoire que l'on me raconta souvent, à une époque où la dernière syllabe de l'incompréhensible mot « Auschwitz » me faisait penser à une fuite de gaz.

Au mois de mai 1987, la visite du sénateur Edward Kennedy confirma que, vers la fin encore incertaine, sinon imprévisible, du règne de Jaruzelski, les Américains comprenaient plus vite que les Français qu'il fallait accourir en Pologne.

Le 29 novembre, apparut George Bush. Celui qui fonda des compagnies pétrolières avant d'entrer en politique, et qui dirigea pendant deux ans la C.I.A., était alors le vice-président de Ronald Reagan, auquel il succéderait. Trois ans plus tôt, les Américains avaient levé leur veto à l'adhésion de la Pologne au Fonds monétaire international. Deux ans plus tôt, Jaruzelski avait rencontré à New York des leaders de la communauté juive.

Au sein du Livre d'Auschwitz, George Bush reproduisit une phrase d'un certain Shentov :

« Dans le souvenir est le secret de la Rédemption. »

On discerne mal si Bush avait en vue la rédemption des victimes ou la nôtre. Chacun, qu'il apprécie ou non ce vocabulaire religieux, est tenté de préférer la première hypothèse, mais quelque chose me suggère que Bush s'intéressait plutôt au sort des vivants, car il ajouta ces mots de son invention : « Que le martyre de cet horrible passé soit épargné à nos enfants. » Le lecteur ne pourra nier que les deux fragments du graffiti s'emboîtent aussi mal que deux tessons de vases différents, qu'ils sont aussi dissemblables qu'un timonier ivre et un capitaine sobre.

Il me fallut du temps, et consulter des connaisseurs comme Ludwik Flaszen et Daniel Lindenberg, pour comprendre que ce mystérieux Shentov ne pouvait être que l'initiateur du hassidisme, le Baal-Shem-Tov, Maître du Bon Nom, dénomination amputée d'une syllabe par le vice-président américain. Le lecteur retrouvera ce Maître au début des *Récits hassidiques* de Martin Buber, avec ce conseil : « Rappelle-toi bien, et chaque jour, que Dieu est avec toi ; et que, donc, il n'est pas chose au monde que tu aies à craindre. » L'idée sous-jacente, si mon oreille entend bien, suggère que le souvenir peut nous accompagner dans le présent, si nous sommes bien disposés, et que cela vaut bien mieux que de nous atteler à lui par devoir comme tant de maîtres à penser s'obstinent à nous le recommander. Il serait malaisé de soutenir que cette idée s'accorde avec le vœu que nos enfants ne soient pas confrontés à un nouvel Auschwitz. Le vice-président des États-Unis contemple le passé, regarde vers l'avenir, mais on ne comprend pas ses rapports avec le présent. Ainsi s'éloigne-t-il de l'enseignement du Baal-Shem-Tov, au sujet duquel Martin Buber rapporte l'anecdote suivante :

« Il y eut une fois que le Baal-Shem avait l'esprit si abattu dans la tristesse et la désolation, qu'il lui sembla avoir perdu toute part au monde qui vient. Mais alors il se parla à soi-même et il dit : "Si j'aime Dieu, qu'ai-je besoin d'un monde à venir ?" »[1]

Je ne m'aventure pas à prendre parti en des questions théologiques auxquelles je n'entends rien. Je m'inquiète seulement du divorce entre George Bush et ses références livresques : s'il y a si loin des préceptes qu'il invoque au souhait qu'il formule, quelle chance ont les pires événements du passé de peser favorablement sur ses décisions futures ? Ce qui vaut pour Bush vaut pour bien d'autres dont le Livre d'Auschwitz a recueilli l'empreinte et qui n'ont peut-être pas conservé en eux la sienne.

---

1. Martin Buber, *Les récits hassidiques*, Éditions du Rocher, 1978, p. 103. Un scrupule me vient : et si le Shentov de Bush était l'homme que Borges évoque dans sa préface à *Épopée juive*, de Carlos M. Grünberg : « Rappelons-nous, dans le bavard quatorzième siècle, les strophes du rabbin Sem Tob, "juif de Carrion"... » ?

Le signe le plus tangible, au sein du Livre, que des changements radicaux se préparaient dans l'est de l'Europe, c'est le graffiti de Raïssa Gorbatcheva. De mon inventaire, elle est la troisième femme, la seconde Soviétique et la première personnalité du Kremlin. Le 15 juillet 1988, cette intellectuelle, comme certains journalistes français ne craignaient pas de la qualifier, qui représente son balourd de mari, premier secrétaire du parti communiste d'U.R.S.S. depuis trois ans, compose quelques lignes triviales, indignes d'être rapportées, d'où se détache l'expression habituelle aux adeptes de l'autre régime totalitaire : « monstruosité du fascisme ».

Cette formule, juste en soi, mais pas des plus opportunes à Auschwitz, restait dans la ligne du communisme officiel, qui volontiers fourrait dans le même sac nazisme et fascisme, afin de condamner en bloc des systèmes nés dans le monde capitaliste, et qui ne voyait de monstruosité qu'en dehors de ses frontières.

Certaines frontières, cependant, en 1988, devenaient plus poreuses.

Grâce au voyage de Gorbatchev en Pologne, l'écrivain et peintre polonais Stanislaw Ignacy Witkiewicz, dit Witkacy, faillit en faire l'expérience, comme je le découvris grâce à des journaux de Varsovie et de Zakopane.

Observons sur une carte la zone qui s'étend de Dresde à Kiev. Rien, en Europe non russe, de plus continental, de plus froid. Comment ai-je pu passer tant d'années dans ces pays-là ? Witkacy n'y résista que par un usage intempérant de la graphomanie, des drogues et de la feinte folie. Il composa de longs romans confus, pleins de rebondissements, et des pièces de théâtre aux titres déconcertants comme *La Métaphysique du veau bicéphale* et *Tumeur cervykal*.

Au début du mois de septembre 1939, lorsque l'armée allemande envahit la Pologne, Witkacy se replia de Varsovie à Jeziory, en Polésie, dans cette partie de l'Ukraine, alors polonaise, qui devint soviétique en 1945. Le 19 septembre, à la nouvelle de l'entrée en Pologne de l'Armée rouge, alliée de l'armée allemande, Witkacy se suicida. On enterra son corps dans le petit cimetière de Jeziory. Des années passèrent. Dans la Pologne communiste, on jouait ses pièces et on le publiait. On ne censurait, sans conviction, que les circonstances de sa mort. En 1973, le lieu de son inhumation fut tardivement marqué d'une dalle de pierre. En 1988, Gorbatchev, qui espérait encore sauver le régime soviétique et le communisme est-européen, projeta sa visite en Pologne. Ses conseillers et ceux de Jaruzelski se demandèrent quel geste symbolique le dictateur russe pourrait bien accomplir pour démontrer au peuple polonais la tendresse infinie des Soviétiques. Les stations idéologiques russes ayant depuis longtemps cessé d'émettre des signaux audibles, on déterra Witkacy. On exhuma ses restes pour les transférer à Zakopane, dans la tombe de sa mère Marie. On espérait du même coup, insinuèrent quelques mauvais esprits, ôter aux irrédentistes polonais un motif de revendiquer les régions d'Ukraine perdues.

Logiquement, le transport des restes de Witkacy aurait dû coïncider, en septembre 1989, avec le cinquantenaire de sa mort, mais le voyage officiel de Gorbatchev en Pologne ne pouvait souffrir aucun retard. À Zakopane, localité de sports d'hiver dont le nom signifie quelque chose comme « l'ensevelie », le cercueil de l'écrivain, avant d'être logé dans le tombeau de sa mère, fut enveloppé du drapeau polonais, rouge et blanc, frappé d'un aigle. « Que la terre de Zakopane lui soit un doux duvet de cygne », déclara le président de l'Union des Écrivains d'Ukraine. Le vice-ministre ukrainien de la Culture, jetant sur le cercueil une poignée de terre de Jeziory, promit que Witkacy reviendrait là-bas par le truchement de ses livres et de ses tableaux. Plus perspicace, un connaisseur de l'œuvre witkacienne cita ces vers prophétiques :

On rouvrira ta tombe
Et autrement tes mérites seront proclamés.
Ceux qui auront pleuré aujourd'hui éprouveront de la honte
Et leurs larmes redoubleront,
Eux qui ne surent te voir quand tu étais un homme...

Six ans plus tard, dans la Pologne libérée, la tombe fut rouverte. Certaines photos de l'exhumation de Jeziory, examinées de près, avaient fait naître le soupçon, étouffé au temps de Gorbatchev, que le squelette rapatrié n'était pas celui de Witkacy. Seul, un expert soviétique avait certifié le contraire. La partie polonaise ne se trouvait représentée à Jeziory que par le consul de Pologne à Kiev, incompétent en matière d'ossements.

On procéda à une seconde exhumation et à un examen du squelette, en présence d'anthropologues, de paléontologues, de spécialistes de Witkacy (mieux vaut, semble-t-il, connaître les écrits d'un artiste pour identifier ses restes), d'un anatomopathologue et d'un historien de la médecine. Et, ô surprise :

« L'examen du crâne et de la denture suffit pour affirmer que nous avons affaire à une personne entièrement différente. À la fin de sa vie, Witkacy n'avait pas de dents à la mâchoire supérieure ; il portait un appareil de prothèse. Or, le crâne retiré du cercueil possède une mâchoire parfaitement conservée, avec une denture complète. Les mensurations confirment que le squelette appartient à une autre personne. »

Poursuivant leur autopsie, les experts établirent qu'il s'agissait d'une jeune femme de vingt-cinq à trente ans. Pressés par les journalistes d'expliquer la méprise, ils fournirent les explications suivantes :

1° Le cimetière de Jeziory est exigu. Les tombes s'y bousculent et s'y confondent. Pentu de surcroît, au bout d'un demi-siècle on n'y retrouve pas toujours un cercueil à l'endroit exact de l'inhumation.

2° N'ayant rien trouvé sous la dalle où était inscrit le nom de Witkacy, il est probable qu'on chercha un peu plus loin des ossements susceptibles de lui avoir appartenu. Ceux-ci déterrés, on arrêta les recherches – en dépit de la *glasnost* (transparence) et de la *perestroïka* (restructuration).

3° L'expert soviétique ne fut pas à la hauteur de sa tâche.

Révélant la supercherie, un journal de Zakopane titra : « Les Russes nous ont trompés ! » En première page, apparut la photo d'un homme âgé, en blouse blanche, avec de longues moustaches, devant un cercueil ouvert dans lequel on reconnaissait un crâne et des ossements. L'homme brandissait un os dans sa main gauche.

On plaignit Marie d'avoir été flanquée, dans son tombeau, d'un squelette qui n'était pas celui de son fils et que l'on décida pourtant d'y maintenir. En six ans, il y avait gros à parier que les deux femmes s'étaient habituées l'une à l'autre. En cellule, de même, on n'apprécie pas toujours de se voir adjoindre un autre détenu ; on regrette ensuite de le voir partir. Witkacy ne s'était jamais marié. L'Ukrainienne inconnue devint pour Marie une sorte de bru.

On renonça à fouiller davantage le cimetière de Jeziory.

Un patriote polonais, comme il en foisonne dans les montagnes de Zakopane, déclara : « Autrefois, là-bas c'était chez nous. Que les restes de Witkacy y témoignent de notre culture nationale. »

Après Raïssa Gorbatcheva, nul Soviétique ne vint plus signer le Livre d'Auschwitz, mais un ami intime de Gorbatchev se présenta, après avoir longtemps hésité : François Mitterrand. Accompli le voyage en Pologne du premier secrétaire du parti communiste d'U.R.S.S., les dirigeants socialistes français n'avaient plus de raison de différer le leur.

Venu en reconnaissance, le ministre des Affaires étrangères « Dumas Roland », ainsi désigné par les gardiens du Livre, y signa le 18 avril 1989. La veille, la légalisation officielle de Solidarité avait été prononcée ; Lech Walesa et Jaruzelski s'étaient rencontrés pour la première fois depuis huit ans.

Arrivé au mois de juin, Mitterrand n'eut pas la satisfaction d'être le premier chef d'État ou de gouvernement occidental à visiter la Pologne au moment où elle s'apprêtait à changer de régime. L'Italien Francesco Cossiga l'avait devancé d'un mois. Mitterrand atterrit à Varsovie entre les deux tours des élections législatives, dont le premier, le 4 juin, venait de provoquer la débâcle des communistes. Il visita Auschwitz l'avant-veille du second tour, le 16 juin.

Comme chacun sait, Mitterrand donnait le meilleur de lui-même dans des situations confuses, voire douteuses. Il fut le maître inégalé de l'équivoque et parvint à se faire admirer comme tel par ses plus acharnés adversaires. Quand il débarqua en Pologne, Jaruzelski ne songeait pas à quitter la place. Il serait élu président de la République à une voix de majorité, le mois d'après, par les nouveaux députés. « Le pays, nota un très proche collaborateur de Mitterrand, semble repris en main. » Les Polonais ne se débarrassèrent de Jaruzelski qu'aux élections au suffrage universel de décembre 1990, dont Lech Walesa sortit vainqueur. Accueilli en Pologne entre deux tours électoraux, Mitterrand eut le loisir de louvoyer entre deux camps, comme il l'avait fait en France en 1942 et

1943, lorsqu'il croyait possible, ou astucieux, de servir à la fois Pétain et la Résistance.

Pierre Péan et d'autres auteurs ont rendu publiques de déplorables informations sur Mitterrand à Vichy, où il s'affairait au sein du Commissariat au Reclassement des Prisonniers, « ce qui n'est pas la même chose, précise Philippe de Gaulle, que d'aider des prisonniers en instance d'évasion ou passés dans la clandestinité une fois évadés ». Pétain souhaitait faire des prisonniers rapatriés « le ciment de l'unité française ». En 1942 et 1943, Mitterrand contribua à entretenir cette « mystique prisonniers » qui mettait Vladimir Jankélévitch hors de lui : « On a la mystique qu'on peut. L'idée d'une valeur mystique conférée à la captivité de [...] pauvres bougres qui devinrent prisonniers simplement parce qu'ils se trouvaient là, comme au cours d'une rafle monstre, cette idée est historiquement inséparable d'un régime dont la défaite est non seulement l'origine, mais la raison d'être et la gloire. Une mystique de la défaite, de la démission et de l'abandonnement à la volonté étrangère – dans l'histoire naturelle des impostures, il manquait sans doute cette imposture-là ! »

Georges Baud, le supérieur de Mitterrand, déclarait alors : « Si les Anglais et les Allemands se réconcilient sur notre dos, nous sommes frits. D'autre part, si les Anglais gagnent, ça nous ramènerait les Juifs... » C'est durant cette période que, sur l'insistance des occupants allemands, René Bousquet, secrétaire général de la police de Vichy, fit arrêter dans toute la France, avec l'accord de Laval, des Juifs destinés à être déportés. Le premier train pour Auschwitz partit le 19 juillet 1942. Mitterrand prétend n'avoir été au courant de rien. À Pierre Péan, il répond : « Je ne suivais pas la législation du moment [...]. Il n'y a jamais eu une ombre d'antisémitisme dans ma famille... » Réponse habile, puisqu'on peut très bien avoir entendu parler des rafles et des déportations et user, sans mentir, des mêmes termes. Plus tard, Mitterrand fournira à Georges-Marc Benamou une explication plus complète, donc moins habile : « Lorsque je suis arrivé à Vichy après dix-huit mois de captivité [...], les Allemands n'étaient pas encore là. On ne voyait pas d'étoiles jaunes. Il n'y avait pas de persécutions visibles [...]. Durant l'année 1942, quand on a assisté au développement des persécutions, à l'expulsion des Juifs de l'administration, à l'adhésion évidente du régime à la collaboration – bref, à mesure que s'écoulait le temps –, on ne pouvait plus ignorer cela. Dès lors, j'ai rompu moralement et physiquement avec ce système médiocre et qui devait se révéler criminel. »

Jean Védrine, le père du ministre Hubert, qui fut son ami au Commissariat au Reclassement des Prisonniers, n'en confirme pas moins à Péan que Mitterrand était maréchaliste, comme lui. Dans les numéros de décembre 1942 et mars 1943 de *France, revue de l'État nouveau*, Pierre Péan a déniché des articles de Mitterrand voisinant avec certains où on lit : « Les juifs de la Côte d'Azur attendent béatement que leurs amis américains leur apportent les cigarettes épicées que le marché noir ne leur procure pas à leur gré en assez grande abondance. Du fond de leur fauteuil, les bourgeois gaullistes saluent d'un sourire odieux la mort de nos marins. » Et encore : « Au XVIIIe siècle, Benoît XIV interdit aux habitants du ghetto de porter leurs morts au cimetière autrement qu'en silence, d'avoir des serviteurs chrétiens, des voitures et des chevaux, de se déplacer sans autorisation, enfin d'exercer une fonction ; il fit saisir et brûler leurs livres. De telles mesures étaient périodiquement nécessaires pour arrêter l'"envahissement hébraïque". Une leçon à méditer… » Péan est bien indulgent d'estimer que les contributions de Mitterrand à cette revue constituaient « une couverture supplémentaire pour ses activités parallèles ». Décoré de la Francisque, Mitterrand l'arborait au printemps 1943. Un de ses compagnons de l'époque affirme que, grâce à cette décoration de Pétain, ils étaient « reçus dans les restaurants avec beaucoup plus d'égards qu'auparavant, ce qui n'était pas négligeable en cette période de disette ».

Si rien n'assure que Mitterrand fut présenté à René Bousquet en 1942, les deux hommes se fréquentèrent après la Libération grâce à un « terrain d'entente capital, l'antigaullisme ». Ministre de l'Intérieur pendant huit mois en 1954, Mitterrand s'entoura de quelques hommes de confiance de Bousquet. En 1965, celui-ci appuya la candidature de Mitterrand contre de Gaulle aux élections présidentielles. En 1974, Mitterrand accueillit Bousquet dans sa propriété de Latche. Après 1981, il reçut deux ou trois fois à l'Élysée ce personnage « sorti, comme l'écrit Chaban-Delmas, de l'enfer de la collaboration ».

En septembre 1990, lorsque l'affaire Bousquet, traitée avec indulgence par la Haute Cour de justice de la Libération en 1949, rebondit grâce à une plainte de Serge Klarsfeld pour crimes contre l'humanité, Mitterrand commenta : « Il est dangereux de réveiller tous ces miasmes », et il n'attendra pas d'avoir quitté l'Élysée pour dévoiler l'estime qu'il portait à l'ancien policier vichyste.

Au mois de juin 1989, quand Mitterrand visita Auschwitz, trois mois tout juste avant la plainte déposée par Serge Klarsfeld, ses compromissions vichystes, pourtant pas inconnues de tous, n'indignaient encore presque personne. Coïncidence ? Ce n'est qu'après la fin du communisme que certains en exhumèrent les traces. Trois ans ou quatre ans plus tard, parions qu'il aurait évité un voyage à Auschwitz devenu délicat.

Ne rien écrire n'était pas dans ses habitudes. Il écrivit donc dans le Livre, mais peu. Trois mots tombant comme de lourdes gouttes dans une catacombe :

« Pitié, angoisse, résolution. »

Avant de se pencher sur ce Livre, Mitterrand s'était dit : « Pas de phrases. » Il aimait l'exercice qui consiste à confier, sous le coup de l'émotion, des paroles circonspectes. Cet exercice solitaire se déroule en public, bien qu'à une certaine distance des témoins les plus proches, sous les flashes, sans le secours de personne. Il n'est pas impossible que son ambassade zélée, ainsi que le fit la mienne pour Jacques Chirac, ait fait parvenir à notre homme, quelques semaines auparavant, les textes rédigés par les chefs du même État venus avant lui. Poussière ! À l'heure de vérité, ils sont loin ces textes-là, très loin, même s'il suffirait de tourner quelques pages pour les retrouver. Imaginez-vous Mitterrand s'inspirant de Giscard, fût-ce pour le contredire ? Il ne veut pas non plus de rature. Un écrit sans rature prouvera le caractère, la présence d'esprit, la maîtrise de soi. Quant au résultat ! Les pages tourneront. D'autres illustres visiteurs viendront, qui seront à leur tour soumis à l'exercice. Leurs petites rédactions s'abattront comme des pelletées de terre sur celle de notre homme. Lorsqu'elle sera bien enterrée, tout ira pour le mieux si nul importun ne vient fouiner dans le Livre du souvenir, si ce Livre demeure ce qu'il a toujours été à notre insu : un livre d'oubli. Néanmoins, l'importun ne se laisse pas intimider. Il remue la terre encore meuble et brandit des textes mémorables qui, sans lui, passeraient inaperçus.

Dans ces trois substantifs, alignés comme autant de mots d'ordre sur une banderole, il y a quelque chose qui cloche. On peut recommander d'avoir pitié, d'avoir de la résolution, mais pas d'éprouver de l'angoisse. L'angoisse ne se commande pas. Les trois mots ne s'accordent que si, devant chacun, on suppose la présence d'un « je » : « j'ai pitié, je suis angoissé, je suis résolu ». C'est de lui-même, dirait-on, que Mitterrand parle, à lui-même que, publiquement et par écrit, il adresse des mots d'ordre. À quoi il proclame être résolu, nous le devinons. Nous commençons à nous habituer aux allusions et aux sous-entendus. « Ce qui est arrivé peut recommencer, prévient Primo Levi, les consciences peuvent à nouveau être déviées et obscurcies : les nôtres aussi. » Mitterrand se demanda-t-il jamais si, pour éviter que les consciences ne s'obscurcissent, il ne valait pas mieux condamner Bousquet, déplorer les rapports qu'il avait pu entretenir avec cet individu et avec d'autres de son espèce, empêcher le Front dit national ou l'interdire ? Et nous savons de reste que ce temporisateur évita aussi longtemps qu'il le put je ne dis même pas de combattre, mais seulement de blâmer, le national-communisme de Milosevic.

Quand Primo Levi assure qu'à Auschwitz, il n'y avait pas d'Espagnols, il entend des déportés d'Espagne, car près de dix mille des républicains réfugiés en France en 1939, entassés à leur arrivée dans des camps de concentration comme ceux du Barcarès ou d'Argelès, furent envoyés par la suite à Mauthausen surtout, ainsi qu'à Dachau, Ravensbrück, Sachsenhausen, Buchenwald, Treblinka, Auschwitz. Les Espagnols déportés pour faits de résistance étaient classés par les autorités allemandes parmi les Français, les autres considérés comme apatrides. Ce n'est qu'en 1968 que le gouvernement de Franco admit que des Espagnols avaient été détenus dans des camps d'extermination allemands. Six mille environ d'entre eux y seraient morts.

Tadeusz Borowski raconte qu'un Espagnol, détenu à Auschwitz, obtint l'autorisation exceptionnelle de s'y marier avec une Française qui avait reçu l'accord de Berlin, car elle avait eu un enfant de lui, et qu'on leur accorda une nuit d'amour dans le bordel du camp.

Pendant la Deuxième Guerre mondiale, le régime de Franco, sous l'influence, en particulier, de Ramón Serrano Suñer, afficha son hostilité aux Juifs. Si on ne promulgua pas, en Espagne, de lois antisémites, ce fut pour la simple raison que, la religion catholique étant tenue pour l'unique religion de la nation espagnole, les Juifs se trouvaient exclus de la vie religieuse publique et de certains actes de la vie civile. À partir de 1940, l'état civil refusa aux parents de toute confession autre que la catholique l'inscription de leurs enfants si ceux-ci n'étaient pas baptisés. La même année, Serrano Suñer s'opposa au transit par l'Espagne des Juifs d'Europe qui, fuyant les nazis, voulaient se réfugier en Amérique. Plus tard, le gouvernement espagnol posa pour conditions au transit de tout groupe de Juifs que ceux-ci fussent économiquement et socialement acceptables et que le groupe précédent eût quitté l'Espagne. Serrano Suñer avait donné instruction aux chancelleries espagnoles de ne pas contrarier la politique de l'Allemagne hitlérienne à l'égard des Juifs. Le gouvernement franquiste refusait de rapatrier les Juifs espagnols poursuivis par les Allemands, tout en insistant pour administrer leurs biens. Mais certaines de ces chancelleries n'appliquèrent pas les directives antijuives. L'ambassadeur d'Espagne à Budapest réussit à accorder des passeports ou des lettres de protection à plus de deux mille Juifs. Les représentants de l'Espagne à Sofia, à Bucarest et à Athènes adoptèrent un comportement semblable.

Après la guerre, il est difficile de distinguer, dans la politique franquiste, antisémitisme et hostilité à Israël, que Franco refusa toujours de reconnaître. Juan Carlos, au contraire, devenu roi, plaida pour une totale liberté religieuse et multiplia, ainsi que sa femme, les gestes de sympathie envers la communauté juive d'Espagne. En 1976, il se déclara favorable à la reconnaissance d'Israël, que les gouvernements espagnols successifs retardèrent jusqu'en 1986. La visite du roi à Auschwitz eut lieu le 5 octobre 1989. Il n'ajouta au Livre aucune inscription, se contentant de signer de son prénom, imité par la reine Sofia.

Le 14 novembre 1989, rompant avec le procédé d'Helmut Schmidt, le chancelier de la République fédérale d'Allemagne, Helmut Kohl, traça dans le Livre onze lignes fermes et droites, à l'encre noire, d'un bord à l'autre de la page. En dessous, il signa et data, à égale distance des deux bords.

« La leçon de ce lieu, écrivit-il, ne doit pas être oubliée. Des souffrances inimaginables ont été infligées ici, au nom de l'Allemagne, à des ressortissants de nombreuses nations, en particulier à des Juifs européens.

« Nous jurons ici à nouveau de tout faire pour que la vie, la dignité, les droits et la liberté de tout être humain, quelles que soient sa confession, sa nationalité et son origine, demeurent inviolés sur cette Terre. »

Ce n'est pas moi qui mettrai en doute la bonne foi du chancelier. Le seul de mon inventaire, il spécifie que les victimes du camp furent surtout des Juifs et il désigne des responsabilités allemandes. Il importait que dans le Livre tel qu'il fut conçu, le plus haut responsable politique allemand de l'époque inscrivît cette précision de sa main. Il le fit moins d'un an avant la réunification. L'on peut regretter que les chefs de gouvernement des deux Allemagnes ne soient pas venus ensemble à Auschwitz signer une inscription commune. Kohl avait la réunification en tête quand il composa son graffiti. Il n'y introduisit pas plus de repentir que ses fonctions et ses ambitions ne le lui permettaient, aussi certains de ses termes nous laissent-ils perplexes.

Auschwitz fut inventé par des Allemands. Le projet naquit à Wroclaw (Breslau), ville alors annexée à l'Allemagne. C'est un général de la Wehrmacht qui, au début de 1940, autorisa la prise en bail des casernes d'Auschwitz par les autorités S.S. Et c'est parce que, dans les camps, les assassins étaient allemands, que le procureur général Fritz Bauer put organiser à Francfort, en 1964, le procès des 22 d'Auschwitz. Quand Horst Krüger pénétra dans la salle d'audience, il confondit d'abord avec le public ces « messieurs d'âge avancé, bien nourris, bien habillés, universitaires, médecins, commerçants, artisans, concierges ». À Auschwitz, ils avaient exercé leurs compétences dans les chambres à gaz, dans le Zyklon B. L'un d'eux, comptable, avait assassiné des détenus à coups de pistolet et à coups de pied. Tous avaient l'air inoffensifs et sympathiques. Tous s'étaient « refait un ordre, un foyer, une position sociale », tous étaient « redevenus de méritants et respectables concitoyens » qui, confrontés aux témoins à charge, aux rescapés, ne se souvenaient de rien. Devant ces individus, Krüger ne se réfugia pas dans le culte conformiste de la mémoire : « Le criminel et sa victime, observa-t-il, ont tous deux survécu [...]. Ce qui les sépare [...], c'est avant tout la psychologie du souvenir, le mécanisme de l'oubli. Les uns veulent oublier mais ils ne le peuvent pas, aux autres on demande de se souvenir mais ils ne le peuvent pas non plus, ils ont tout oublié. De leur vie ils n'ont jamais rien fait que semer leurs radis, construire des jardins d'enfants ou faire du sport. Je me demande quel est le plus grand tourment : se souvenir ou oublier ? »

En s'inspirant de cette dernière phrase, Helmut Kohl eût enrichi de beaucoup sa réflexion et son inscription. Il préféra affirmer que les souffrances furent infligées au nom de l'Allemagne *(« in deutschen Namen »)*, ce qui revient à dire : en invoquant l'Allemagne, en se réclamant de celle-ci. Comme si les assassins d'Auschwitz n'avaient pas agi en tant qu'Allemands ; comme si l'essence de la germanité, pour autant qu'une telle chose existe, ne devait pas être considérée comme ternie par eux. On me permettra de ne pas suivre le chancelier sur ce point. Primo Levi, au terme de son implacable portrait émietté des Allemands, dans *Si c'est un homme* et dans *Les naufragés et les rescapés*, conclut que « la grande majorité [...] ont accepté [...] les "belles paroles" du caporal Hitler, l'ont suivi tant que la chance et le manque de scrupules lui ont été favorables, ont été emportés dans sa chute, frappés par les deuils, la misère et les remords, et réhabilités quelques années plus tard par l'effet d'un jeu politique cynique ».

Le graffiti d'Helmut Kohl à Auschwitz m'apparaît comme celui d'un représentant sincère et navré des réhabilités, que la prospérité économique de son pays met en position de force. S'il promet, s'il jure, il est persuadé que son engagement aura du poids. Il s'engage à protéger « la vie, la dignité, les droits et la liberté de chacun ». Tant mieux. Bienvenue dans le club des protecteurs et des arbitres. Le lecteur méfiant retiendra tout de même que Helmut Kohl, quand il se tourne vers l'avenir, invoque des valeurs à tel point universelles, à tel point éloignées de la leçon observée à Auschwitz, que leur énumération, dans le Livre sur lequel il se penche, prend une allure dérisoire.

Helmut Kohl revint à Auschwitz le 8 juillet 1995, quatre ans après l'accord conclu entre l'Allemagne réunifiée et la Pologne au sujet de la frontière Oder-Neisse. Il eut droit à trois photos au lieu de cinq. Son graffiti, plus court, plus européen que le premier, semble signifier que, depuis lors, beaucoup de temps s'est écoulé :

« Les souffrances et les larmes de cet endroit nous sont douloureuses. Que notre mémoire commune soit notre volonté de coexistence, tel est notre espoir, telle est notre volonté. »

Je regrette, Monsieur le Chancelier, d'avoir encore à vous contredire, mais l'effondrement des régimes communistes d'Europe et la réunification allemande ne tournent point la page d'Auschwitz. Sans me faire le porte-parole de quiconque, je n'accepte pas et je prie les Polonais, que je connais un peu, de ne pas accepter que les souvenirs allemands d'Auschwitz viennent se fondre dans une mémoire commune de la même façon que le franc et le mark, peut-être un jour le zloty, laisseront la place à l'euro, ou que des contributions financières nationales se mêlent dans des « pots communs ». En ce qui concerne Auschwitz, un pot mémorial commun me semble tout ce qu'il y a de plus déplacé. Voyez à quel point est difficile la recherche d'une mémoire commune d'Auschwitz entre Polonais et Juifs. Une tragédie historique, même entre victimes, n'institue pas une mémoire commune. Il y a des mémoires incompatibles. Celle de Titus ne sera jamais celle de Bérénice. La manière dont l'Allemagne a laissé tant d'Allemands quelconques devenir, sous le couvert de la guerre, des exterminateurs, ou fermer les yeux sur les exterminations, ne relève que d'elle. Si un dirigeant français, cueillant dans les cimetières des fleurs de rhétorique pour orner ses projets, déclarait aux Algériens que la guerre d'Algérie relève de notre mémoire commune, ces derniers ne trouveraient pas la plaisanterie de bon goût. Elle l'est encore moins, évidemment, si l'on parle d'Auschwitz. L'Europe que vous avez voulue, Monsieur le Chancelier, ne sera au mieux, sur le plan de la mémoire, qu'une communauté réduite aux acquêts, selon une formule appréciée du défunt Edgar Faure. Votre douleur n'est pas en cause, mais elle vous appartient et je ne vois pas pourquoi les Polonais, auxquels vous semblez vous adresser dans le Livre, et d'autres ensuite, devraient la partager avec vous. Nous ne vous connaîtrons bien, comme il se doit entre partenaires, que si vous entretenez avec votre mémoire allemande des rapports intimes et sans ambiguïté. Monsieur le Chancelier, croyez bien et répétez à votre successeur, que vous n'allez pas maintenant nous refiler votre mémoire d'Auschwitz. Ce n'est prévu ni par les traités de Maastricht et d'Amsterdam, ni par les accords de Schengen. Elle empoisonne votre héritage et vous la gardez.

Le Livre d'Auschwitz renferme un autre indice révélateur du bouleversement politique de l'Europe de l'Est : l'irruption des Israéliens.

Le premier d'entre eux qui signa, le 8 septembre 1988, alors qu'on n'entrevoyait pas encore la chute prochaine du communisme, fut Ariel Sharon, un des responsables des massacres de Sabra et de Chatila, à propos desquels Pierre Vidal-Naquet ironisa : « Que M. Begin et le général Sharon n'aient "pas voulu cela", selon l'expression consacrée, est possible et probable. Ils se seraient contentés, vraisemblablement, d'un petit massacre et se sont retrouvés avec un gros. » Vidal-Naquet reproche aussi à Menahem Begin d'avoir invoqué « ce qui s'est passé à Auschwitz et à Treblinka pour justifier le bombardement de Beyrouth ».

Shimon Peres, ministre des Finances du gouvernement israélien, ne se laissa pas entraîner par une telle dialectique en écrivant à Auschwitz le 29 novembre 1989 :

« Le peuple d'Israël n'oubliera pas ceux qui ont été exterminés ici. Le peuple d'Israël saura contenir ceux qui, à l'avenir, le menaceraient. »

La première moitié de cette inscription, qui concerne le camp, a ceci d'exceptionnel que le mot : « extermination » n'y est pas remplacé, comme cela arrive si souvent, par un euphémisme. La seconde moitié concerne la situation de l'État d'Israël. Elle retentit comme une réponse longtemps différée à l'inscription arrogante du conseiller de Hafez el Assad. Si l'on inversait les dates, l'inscription du Syrien passerait plus facilement encore pour une réponse furieuse à un Israélien sûr de lui.

Shimon Peres s'exprime au nom de l'État d'Israël, non pas du peuple juif tout entier. En commençant chacune de ses deux phrases par l'expression « le peuple d'Israël », il associe aussi étroitement qu'il le peut, dans une inscription qu'il considère comme diplomatique, deux événements que certains préfèrent distinguer : les massacres d'Auschwitz et les menaces qui, selon Peres, pèsent sur Israël. Le verbe « contenir » montre bien que d'une phrase à l'autre, dans son esprit, on passe de l'Europe centrale au Proche-Orient.

Shimon Peres n'est pas un exalté : il exprime sa solidarité envers les victimes de l'Allemagne ; il ne soutient pas, comme certains extrémistes israéliens, qu'elles se sont bêtement laissé faire. Prudent, il ne se prononce ni en bien ni en mal sur la diaspora. On peut supposer qu'à ses yeux, le Livre d'Auschwitz ne se prête pas à une telle polémique. Toutefois, loin de nous inviter à penser que leur dispersion dans le monde protège les Juifs, Peres laisse clairement entendre qu'Israël, cœur du peuple juif, possède les moyens militaires d'empêcher un nouvel Auschwitz, là du moins où il risquerait de se produire. Avant Peres, personne, dans le Livre, n'avait exprimé une aussi claire volonté politique.

Par respect des autres victimes, surtout des victimes polonaises, Shimon Peres évite de qualifier de juives les victimes d'Auschwitz auxquelles il rend hommage. Il n'écrit pas : « Le peuple d'Israël n'oubliera pas ceux des siens qui ont été exterminés ici. » Ce sens-là est certes sous-entendu, mais il n'est pas exclusif.

Si j'ai correctement passé en revue les signataires, le premier homme politique israélien qui signa le Livre d'Auschwitz après le départ de Jaruzelski fut Isaac Rabin, le 20 avril 1993.

* *
*

Ariel Sharon ouvrit aussi le chemin du Livre à des Israéliens qui, n'exerçant pas de hautes fonctions politiques, rédigèrent leurs inscriptions en hébreu.

Un représentant des services de l'Éducation nationale d'Israël ajouta au « jamais plus » désormais traditionnel, un précepte voisin de celui que George Bush avait emprunté, selon nos déductions, au Baal-Shem-Tov :

« Le secret de la Foi, c'est le souvenir. »

Un citoyen d'Haïfa signa en qualité de « seul survivant d'une famille nombreuse ».

Un habitant de Jérusalem inscrivit :

« Tous les membres de ma famille ont été exterminés dans cet endroit horrible. Que leurs NOMS, SACRÉS, soient bénis. »

En dessous, auprès d'un « *never again* » venu des États-Unis, un autre Américain nota en araméen :

« Le grain vit et existe. »

Quelque peu désappointée par ces inscriptions, la personne qui les avait traduites pour moi m'écrivit :

« Elles n'apportent pas de messages nouveaux. Celle du représentant de l'État d'Israël me paraît même assez plate. Mais essayons de nous mettre à la place du survivant. Que peut-il écrire, celui dont les siens sont partis en cendres et dont la culpabilité est trop forte pour se muer en poème ? On mesure là les limites du Verbe. Pour un Elie Wiesel, un Primo Levi, pour quelques écrivains splendides, combien d'Âmes anonymes n'ont jamais pu exorciser leur cauchemar ? Moi-même suis partagée entre le désir de tourner la page, de ne plus entendre ni voir toutes ces horreurs, et la terrible mais nécessaire obligation de ne jamais oublier. D'une telle ambivalence peut naître le désir de se fondre dans une communauté quelle qu'elle soit, de s'intégrer là où l'on se trouve pour oublier la blessure et n'en garder qu'une cicatrice. »

Tandis que l'U.R.S.S., puis la Yougoslavie de Tito, disparaissaient, les citoyens de ces fédérations communistes jumelles désertaient un Livre que venaient fréquenter des dominicains, des franciscains, des cheminots et le maire de Bastogne.

Le 9 octobre 1991, année de l'indépendance polonaise retrouvée, la princesse Ann signa à son tour.

Auparavant, j'avais croisé fort peu de Britanniques, à vrai dire pas un seul. Auschwitz est rarement sur le chemin de ces insulaires qui, en outre, ne cultivent pas la manie française de ne dénoncer l'antisémitisme qu'en Pologne.

Mystérieusement, un écrivain anglais rien moins que voyant, semble prophétiser Auschwitz. C'est Laurence Sterne, dans *Vie et Opinions de Tristram Shandy*, lorsque, traitant d'anatomie, il mentionne l'examen, par un savant au nom germanique, « de quatre mille crânes échantillonnés sur les pyramides de vingt ossuaires silésiens ».

Certaines épitaphes, estimait Ramón Gómez de la Serna, sont plus hiéroglyphiques que d'autres. Elles le sont d'habitude exprès. À Auschwitz, j'en ai relevé une qui le fut involontairement, et qui le reste. Nous sommes le 10 octobre 1992. Survient un ministre ou secrétaire d'État français du gouvernement Bérégovoy, qualifié par les gardiens polonais du Livre de vice-ministre des Affaires étrangères de la France. Il y dépose une signature aussi illisible que les causes du suicide de son Premier ministre. Le prénom pourrait commencer par un *J*, et les quatre premières lettres du nom semblent faire « Licq », mais je n'en mettrais pas ma main au feu. En parcourant les journaux officiels français de 1992, j'ai envisagé plusieurs hypothèses. Aucune ne remplit toutes les conditions. La logique nous inviterait à désigner Georges Kiejman, ministre délégué aux Affaires étrangères de ce gouvernement, mais ou bien les lettres lisibles ne correspondent pas à ce nom, ou bien la signature de ce monsieur a rompu toute attache avec l'alphabet.

Le ministre inconnu écrit distinctement

« Pardon ! »,

comme s'il venait de bousculer quelqu'un, suivi de quatre mots de son gribouillis de médecin de famille, ce qui signifie ou bien qu'il est pressé, ou bien qu'il se cache, ou encore que l'illisible entre dans les usages diplomatiques, comme une façon nouvelle d'écrire et de ne pas écrire. Ces quatre mots indéchiffrables, je ne tiens pas à les connaître, je pressens qu'ils me décevraient, mais je regrette tout de même de ne pas pouvoir les décrypter.

Ne reste plus à nous mettre sous la dent que « pardon ».

Selon toute probabilité, ce ministre inconnu n'a pas compté parmi les tortionnaires. On supposera donc soit qu'il déplore aujourd'hui de n'avoir pas assez combattu, à l'époque, pour empêcher la guerre ou les déportations, soit, ce qui n'aurait rien d'invraisemblable, que responsable de rien, il se sente coupable de tout. Les Allemands qui écrivirent des lettres de repentir à Primo Levi après avoir lu *Si c'est un homme* n'étaient-ils pas des innocents plutôt que des coupables ?

Dans les deux cas, nous renverrons l'inconnu à une remarque d'Olivier Mongin, inspirée à celui-ci par Paul Ricœur : « Le pardon, c'est ce qui se demande à un autre et d'abord à la victime. » Et nous conseillerons à ce ministre : si vous avez quelque chose à vous reprocher, vous ôtez le masque et vous nous en racontez plus long ; sinon, abstenez-vous de demander pardon à des absents de crimes que vous n'avez pas commis.

Oswiecim est bordé, au sud, par de belles montagnes, enneigées l'hiver, dont le regard hautain sur les écrits de routine invite à relire l'adresse d'Antonin Artaud au Dalaï-Lama : « Fais-nous un Esprit sans habitudes, un esprit gelé véritablement dans l'Esprit. »

L'actuel Dalaï-Lama était déjà prix Nobel de la paix quand, le 18 mai 1993, il confia au Livre :

« Des maux inimaginables et innombrables furent commis par une combinaison d'intention mauvaise et de méthodes efficaces. Nous devons tirer la leçon de ces actes cruels du passé et apprendre à mesurer l'importance de la compassion et la nécessité du secours réciproque. Prions et faisons un effort de paix et de fraternité. »

Le Livre précise que l'auteur de ces lignes est le leader des Tibétains.

Plus policé que le conseiller de Hafez el Assad, et mieux informé de ce qu'il venait de voir (la « combinaison d'intention mauvaise et de méthodes efficaces » est une élégante adaptation en langage lamaïque de la définition d'André Neher : « raffinement brutal et planifié de la mort concentrationnaire »), cet homme eut la courtoisie de ne pas attaquer, même allusivement, le régime de Pékin. Son « secours réciproque » a l'inconvénient de nous faire penser aux associations de secours mutuel. Il serait inconvenant de le lui reprocher.

À point nommé, dans un ouvrage consacré au « seigneur du lotus blanc », je relève ces paroles attribuées au VIe Dalaï-Lama :

« *Ce que vous écrivez à l'encre en petites lettres noires*
Peut être entièrement perdu
Par l'œuvre d'une simple goutte d'eau.

Mais ce qui est écrit dans votre esprit
Y demeure pour l'éternité. »

Comment dès lors être sûr que « Dalaï-Lama » est un titre mongol qui signifie « Océan » ?

Guerre froide et longévité obligent, son prédécesseur, John Edgar Hoover, se rendit beaucoup plus célèbre que lui.

Cela ne suffit pas à expliquer que nulle photo n'illustre le passage furtif de Louis Freeh, directeur du Bureau fédéral d'investigation américain (F.B.I.), qui, le 30 juin 1994, signa et s'en fut. Policiers et agents secrets n'ont simplement pas pour habitude de laisser traîner leurs portraits.

Nous ignorons à quelles investigations et à quels conciliabules se livra en Pologne ce personnage énigmatique et redouté.

À peine le directeur du F.B.I. avait-il tourné le dos, que le Premier ministre français, Édouard Balladur, se présentait. Sur deux des trois photos collées à cette occasion dans le Livre, on découvre Simone Veil ; sur la troisième, je ne suis pas certain de reconnaître la calvitie d'Alain Juppé. Balladur, qui volontiers confond sa ville de Chamonix avec le Tibet, dut se croire sur le toit du monde lorsqu'il écrivit le 1er juillet 1994 :

« Que l'on ait fait subir à tant d'hommes, tant de femmes, tant d'enfants un tel martyre ! On en a honte pour l'humanité, on en est malheureux !

« Il ne faut pas se résigner au Mal, ni perdre l'espoir de fortifier dans le monde l'esprit de fraternité ! »

Le Mal (avec sa majuscule), le monde, l'humanité. Que d'absolus, que d'éthers, bienfaisants ou nocifs ! Comme si les circonstances réelles du martyre s'éloignaient à tel point dans le temps qu'il fût désormais inopportun d'invoquer les nazis et les S.S., et derrière eux les surveillants de baraque, les kapos, les groupes spéciaux, la compagnie disciplinaire, le traitement spécial.

Et ce « on », qui désigne-t-il ? S'agit-il de l'homme, conformément à l'étymologie ? Ou d'un « je » qui ne dit pas son nom, ou d'un « nous » chagriné, ou est-ce la vague désignation de quiconque verra à Auschwitz la même chose que Balladur ?

Il dit « un tel martyre », non pas certes comme s'il venait d'en être informé, mais comme s'il venait d'en mesurer l'ampleur. Le mot « juif » n'apparaît pas dans son graffiti.

Ce ne sont pas des reproches que j'adresse au Premier ministre. Ce sont des conseils pour une prochaine fois. L'infernal, l'épouvantable ne s'accordent pas avec le flou. Voyez comme il est précis, ce comte de Lautréamont que Faurisson, le révisionniste, accuse de s'être payé notre tête.

Édouard Balladur a un faible pour les maximes. Il apprécie

La Bruyère, mais il le cite de travers. Un jour de campagne électorale, il assura que notre moraliste affirmait : « Les Français attendent du sérieux de ceux qui les gouvernent. » Renseignement pris, La Bruyère avait écrit : « Le caractère des Français demande du sérieux dans le souverain. » Notre Premier ministre avait confondu les gouvernants, autrement dit lui-même, et le Roi. Le genre littéraire de l'inscription spontanée avait tout pour lui plaire. Il lui en coûtait malheureusement d'admettre qu'un moraliste mérite souvent ce nom bien plus par son style que par la morale qu'il professe.

Édouard Balladur, altéré de blancheur neigeuse, comme beaucoup d'économistes et de financiers, flirte dangereusement avec le noir et brûlant manichéisme. À Auschwitz, il crut reconnaître une matérialisation de son ennemi, le Mal. Nous pourrions l'inviter à en citer d'autres, pour nous instruire de la comparaison. Hitler et les siens furent-ils une incarnation du mal ? Cela supposerait que le mal leur préexistait et leur survit, qu'ils n'en furent que les médiateurs, les ambassadeurs en ce bas monde. Si le mal est responsable de tout, quelle aubaine pour les coupables !

Visiblement, Balladur n'a pas lu les œuvres de notre Virgile dédoublé : Borowski et Levi, lesquels nous invitent à rectifier notre appréciation du bien et du mal en nous montrant que les meilleurs n'étaient pas les mieux placés pour survivre à Auschwitz, que pour y profiter des minuscules chances de s'en tirer, il fallait ruser, voler, tromper, mentir, tout en espérant que d'autres seraient sélectionnés pour la chambre à gaz. À Auschwitz, comme Levi l'a maintes fois signalé, et comme Borowski le confirme à partir de son expérience de Polonais non juif, les détenus étaient rejetés si loin « en deçà du bien et du mal » que l'on ne pouvait distinguer parmi eux les justes et les injustes, mais « les élus et les damnés ». Ceux qui ne parvenaient pas, moralement ou physiquement, à commettre ce que nous appelons le mal étaient perdus d'avance. Le camp tendait à séparer en somme, d'un côté le mal, de l'autre le pire que pratiquaient les nazis, les S.S. et leurs serviteurs les plus zélés. Cette distinction rappellera à quelques lecteurs une subtile maxime de Jean Paulhan : « Le pire est l'ennemi du mal. » Elle lui fut inspirée, en 1945, par la lecture de Sade.

Voilà qui tombe à pic. Dans un ouvrage où il se livre à un bref éloge immodéré de Céline, Balladur voit dans la libération des instincts, en quoi sa perspicacité discerne un des thèmes dominants de la révolte de mai 68, « une des formes du retour à la barbarie ». Il illustre sa théorie d'un long prêche contre Sade et contre « certains lettrés de gauche » qu'il croit avoir surpris en dévotion devant lui. Jean Paulhan fut-il compté au nombre de ces lettrés ? Nous ne le saurons point. Le futur Premier ministre (nous sommes en 1992) s'emporte si fort contre l'auteur de *Justine* qu'il ne s'embarrasse ni de nuances ni de précisions. « Que l'homme, s'indigne-t-il, puisse être animé d'une passion de détruire, saisi par des pulsions qui l'amènent à torturer, à tuer, et à en éprouver du plaisir, sans autre motif que ce plaisir, voilà qui en fait parfois le pire des animaux sauvages. » Cette furie balladurienne est de très mauvais aloi. À n'en juger que par le degré d'incandescence de ce langage, Auschwitz, en somme, ne serait rien comparé aux *Infortunes de la vertu*.

Si toutefois Balladur y regardait de plus près, s'il interrogeait des familiers de l'œuvre de Sade, comme Annie Le Brun, il constaterait que l'écart n'est pas si grand, sur le plan des valeurs si cher à nos hommes politiques, tibétains ou pas, entre les élus d'Auschwitz sauvés par le mal et, dans *Justine*, la défaillance de vertus chrétiennes comme pudeur, horreur du mal ou bienfaisance.

En conclura-t-on que mieux vaut ne point se prononcer sur le mal ? Pas forcément, mais si on le fait, on gagnera à se souvenir que Borowski écrivit : « Notre évocation du mal n'est pas vaine, ni surtout irresponsable, car nous sommes dans le mal. » Borowski ne parlait pas du mal comme d'un absolu, mais comme un damné décrirait un enfer qu'il n'aurait pas mérité, ce qui ne revient pas tout à fait au même.

Un ancien ministre polonais des Affaires étrangères, Wladyslaw Bartoszewski, raconte que lorsque Simon Wiesenthal vint en Pologne, de telles foules le suivaient qu'on n'arrivait pas à fermer les portes des salles où il devait prendre la parole.

Le 20 octobre 1994, à Auschwitz, Wiesenthal écrivit en polonais trois mots qui signifient :

« S'informer, c'est se défendre. »

Ce précepte, que je m'efforce d'appliquer dans le présent opuscule, ressemble à son auteur. Wiesenthal préfère au discours sur les valeurs morales la confrontation des documents et des faits. De même qu'il refusa de mettre sur le même plan Waldheim, malgré un comportement qu'il jugeait indigne, et Eichmann ou Brunner, de même s'oppose-t-il, après l'entrée de Jörg Haider dans le gouvernement Schüssel, aux sanctions contre l'Autriche. Cette prise de position ne manquera pas de déplaire à bien des gens qui trouvent normal qu'en France, le Front dit national et sa doublure disposent de panneaux électoraux et de bulletins de vote fournis par l'administration.

Rescapé des camps de Janowska (près de Lvov), de Buchenwald et de Mauthausen, l'antisémitisme que Wiesenthal observa en Pologne ne lui fit jamais oublier « les innombrables Polonais » qui avaient aidé les Juifs et auxquels sa femme et lui devaient, ainsi qu'à deux surprenants officiers nazis, d'avoir survécu.

C'est en 1947 qu'il fonda en Autriche le célèbre « Centre juif de documentation » à la tête duquel il s'employa à poursuivre des criminels nazis.

Ni pratiquant ni sioniste, il ne revendique pas non plus le statut d'écrivain. En 1988, préfaçant un texte qui lui était consacré, il déclara : « Si ma vie est captivante, c'est uniquement dans le contexte du national-socialisme : j'ai survécu à l'holocauste et je me suis efforcé de conserver la mémoire des morts. À quatre-vingts ans, j'en suis l'un des derniers témoins vivants. Et je n'écris qu'en cette qualité. »

Né à Buczacz, en Podolie, non loin du cimetière où fut enterré Witkiewicz après son suicide, il garde à la cuisse la trace du coup de sabre qu'un Ukrainien soûl de l'armée de Petlioura lui porta en 1917.

En épigraphe à son livre sur Christophe Colomb, il cite George Santayana : « Celui qui a oublié son passé est condamné à le revivre. » De nos jours, on estime de bon ton de faire le procès du découvreur. Certains exigent que nous le tenions pour un assassin des populations indiennes, l'initiateur d'un génocide. Jane Fonda, si on l'interrogeait sur ce point, condamnerait Colomb sans hésiter. Simon Wiesenthal s'efforce au contraire de démontrer, textes en main, que les Juifs chassés d'Espagne en 1492 espéraient, grâce aux trois caravelles, trouver une nouvelle patrie dans les royaumes hébreux dont ils supposaient l'existence au-delà des mers. Bien qu'officiellement, observe-t-il, un des buts du voyage était la christianisation des terres nouvelles, Colomb préféra embarquer un interprète d'hébreu plutôt qu'un homme d'Église. Selon ses recherches, le découvreur provenait d'une communauté juive de la région de Cologne.

L'année de la visite de Simon Wiesenthal, les auteurs et la rédaction, en Pologne, d'*Auschwitz, camp de concentration et d'extermination* reconnurent dans une préface que certains thèmes, dans les éditions antérieures, n'avaient pas été traités « avec la rigueur du questionnement scientifique requis ». Ils regrettaient que l'historiographie polonaise, à l'époque communiste, n'eût pas assez mis l'accent sur « l'importance primordiale du complexe d'Auschwitz dans le projet d'extermination totale des Juifs ». Ils regrettaient que le rôle d'Auschwitz dans « le programme d'extermination des Polonais et des Tsiganes » ne fût pas assez souligné par « les travaux scientifiques » et pas assez présent « dans la conscience des peuples ». Certains irréductibles, persuadés que les Polonais ont l'antisémitisme dans le sang, protesteront que ceux-ci ne méritaient pas d'être placés entre les Juifs et les Tsiganes. Ne les laissons pas marquer des points au bénéfice des vrais coupables, et félicitons-nous de la rapidité du changement. Les communistes perdirent tout pouvoir en Pologne en décembre 1990. En 1991, un Conseil international du musée d'Oswiecim fut mis en place. La préface fut rédigée deux ans plus tard.

1993 marqua aussi le retour à la Diète polonaise d'une majorité communiste (ou ex-communiste). En 1995, le communiste (ou ex-communiste) Aleksander Kwasniewski l'emporta sur Lech Walesa aux élections présidentielles. C'est par Kwasniewski que Jacques Chirac fut accueilli lorsqu'il vint, l'année suivante, annoncer aux Polonais qu'il soutiendrait leur entrée dans l'Union européenne en 2000.

Chirac avait souhaité à Auschwitz, le jour où il parcourrait les anciens camps avec le président polonais, la présence d'une centaine de lycéens français, les uns de Paris, les autres de Drancy. Les Polonais ajoutèrent une centaine de lycéens francophones de Cracovie, de Varsovie et de Wroclaw. Toute la journée pluvieuse du 13 septembre 1996 (il pleuvait si fort que notre précautionneux consul fit acheter une solide paire de souliers présidentiels de rechange que Chirac ne chaussa jamais), tous ces jeunes, accompagnés de leurs professeurs, visitèrent Auschwitz-I et Birkenau quelques heures avant les deux présidents, et le soir, dans un hangar de l'aéroport militaire de Cracovie, avant le retour en France, Chirac, en un discours improvisé, les mit en garde contre « les doctrines d'exclusion ».

Les élèves de Drancy, dont beaucoup provenaient de familles d'immigrés, étaient moins bien vêtus, moins bien pourvus de parapluies et surtout moins bien informés et habitués à s'exprimer que les élèves parisiens. À Birkenau, où des gerbes furent déposées en silence, un élève noir déplora l'absence d'hymnes nationaux et de discours. À Auschwitz-I, avisant un autre élève noir, un reporter français de télévision souffla à son cameraman, tout près de mon oreille : « Celui-là, il me le faut », et, sur un ton protecteur, il suggéra à ce garçon des impressions sur le racisme en France. Il obtint des réponses à tel point décousues que l'interview se perdit dans les chutes. La télévision française avait surtout en tête la célébration à Reims du baptême de Clovis, la semaine suivante, en présence de Jean Paul II. Une des deux grandes chaînes ayant acquis les droits de retransmission de cette cérémonie, l'autre profita de la visite présidentielle en Pologne pour savonner la planche mérovingienne de sa rivale de remarques perfides sur le pape cracovien.

— Venez, demanda à une belle Cracovienne francophone le reporter, qui avait assisté la veille, à Varsovie, à une partie de catch féminin, venez, que je vous pose des questions sur Jean Paul II !

Pour lui rendre service, bien que peu compétente en la matière, elle accepta et s'en mordit les doigts par la suite, car l'émission démontra que le journaliste ne cherchait qu'à faire passer pour conservateur tout ce qui venait de Cracovie. De même que les anciens camps d'extermination, la jeune femme, victime du montage, ne lui servit qu'à illustrer des informations qu'il avait apportées de France. Ses collègues et lui n'essayèrent pas de savoir ce que Jacques Chirac avait confié au Livre du souvenir. Ils s'en souciaient, à vrai dire, comme d'une guigne. Pour d'autres raisons, je n'en pris moi-même connaissance que bien plus tard.

Dans le vacarme et la précipitation de l'aéroport militaire de Cracovie, la mise en garde de Chirac contre « les doctrines d'exclusion » ne m'avait pas semblé très heureuse. L'exclusion sociale est une chose. La façon dont les Allemands pratiquèrent l'exclusion au moyen des camps et dans les camps en est une autre. Il se trouve que nous abritons en France, en toute impunité ou presque, un citoyen nommé Le Pen et un Front dit national, désormais bifide, déterminés à accélérer la première et disposés à fermer les yeux sur les inconvénients de la seconde. Chirac visait bien sûr ce citoyen-là, mais sa condamnation demeura implicite. Les Polonais ne s'aperçurent pas qu'il condamnait quelqu'un. Leurs journalistes ne comptabilisèrent que ses déclarations sur la Pologne dans l'Europe de demain. L'image nette qu'il voulait donner s'estompa. L'occasion eût été bonne pourtant de regarder d'un même œil et l'Europe et Auschwitz, de tirer des leçons d'Auschwitz pour mieux comprendre dans quelle Europe nous vivons.

Dans le Livre, Chirac cita Vladimir Jankélévitch :

« Les innombrables morts sont notre affaire à Tous. Si nous cessions d'y penser, nous achèverions de les exterminer. »

À ces mots, il ajouta :

« Puisse Auschwitz, lieu de souffrance et de mémoire, faire de nous des vigilants. »

Ainsi construisit-il son inscription exactement comme George Bush : une citation d'un auteur juif, suivie d'un vœu personnel.

Replaçons la citation de Jankélévitch dans son contexte. Elle provient de *Pardonner?*, paru pour la première fois en 1971, puis recueilli dans *L'imprescriptible*. Elle en provient par morceaux, Chirac ayant raccourci la première phrase, sauté les trois suivantes et raccourci la cinquième, devenue chez lui la seconde. Jankélévitch avait écrit : « Ces innombrables morts, ces massacrés, ces torturés, ces piétinés, ces offensés sont *notre affaire à nous*. Qui en parlerait si nous n'en parlions pas ? Qui même y penserait ? Dans l'universelle amnistie morale depuis longtemps accordée aux assassins, les déportés, les fusillés, les massacrés n'ont plus que nous pour penser à eux. Si nous cessions d'y penser, nous achèverions de les exterminer, et ils seraient anéantis définitivement... »

« Les morts » et « ces morts », ce n'est pas la même chose. « *Notre affaire à nous* » (en italiques) et « notre affaire à Tous », où seul le « tous » est rehaussé, par la majuscule, ça n'est pas non plus tout à fait pareil. *Pardonner?* comporte deux parties. La seconde, d'où est tirée la citation, s'intitule *Nous a-t-on demandé pardon ?* Ce « nous » est partout dans le texte de Jankélévitch. Il désigne les survivants des camps, ceux qui ne sauraient prêter l'oreille aux « professeurs de pardon ».

Jankélévitch ne pardonna jamais les camps à l'Allemagne. Il ne revenait pas aux survivants, expliquait-il, de « pardonner à la place des victimes ». « Libre à chacun, ajoutait-il, de pardonner les offenses qu'il a personnellement reçues, s'il le juge bon. Mais celles des autres, de quel droit les pardonnerait-il ? » Jankélévitch mettait en garde contre la tentation charitable « d'un rôle à jouer » qui risquait de faire oublier les crimes irréparables commis par les Allemands. Pas d'amnistie morale pour les assassins, recommandait-il. Cette exigence a disparu de la citation de Jankélévitch par Chirac, où le « nous » est devenu un « tous ». Le « nous » excluait beaucoup de monde, en premier lieu les coupables et leurs complices. Le « tous » de Chirac sort de la bouche d'un tribun rassembleur. Effaçant les différences comme les traités voudraient supprimer les frontières, il vide de son sens la phrase :

« Si nous cessions d'y penser, nous achèverions de les exterminer. » « Notre affaire à tous », c'est l'affaire commune des citoyens de l'Europe, ou du monde, sans distinction entre les héritiers des coupables et les héritiers des victimes. Tous réunis prient que l'horreur ne revienne plus les surprendre : « Puisse Auschwitz, lieu de souffrance et de mémoire, faire de nous des vigilants. » Revoici le « nous », mais pas celui de *L'imprescriptible,* celui du métro à l'heure de pointe. Le ton religieux emprunte, sans le vouloir, à la première épître de Pierre : « Soyez sobres, soyez vigilants. Votre adversaire le diable, comme un lion rugissant, circule cherchant qui dévorer. »

Jacques Chirac n'avait sans doute pas prévu de compléter ainsi la citation du philosophe. Peut-être ignore-t-il encore qu'il l'a défigurée. De même que l'on me sollicita de recueillir des graffiti antérieurs au sien, de même chargea-t-on probablement un scribe élyséen, un nègre pareil à ceux que Mitterrand entretenait dans ses cages, de lui dégoter une phrase pertinente d'un auteur français et juif. Ce scribe compétent et diplômé a rempli son office, en somme, d'une manière propre à satisfaire et le Président et ses lecteurs. Car Jankélévitch, je dois l'avouer, sans être, loin de là, un adepte de ce philosophe, sans approuver tous ses emportements ni, bien sûr, sa haine des Polonais et son injustice à leur égard, quand je découvris son nom dans le Livre, je fus agréablement surpris par l'opportunité de la trouvaille, au point que mon premier mouvement fut de m'écrier : « Bien joué ! » Je parie que les lecteurs de Chirac, c'est-à-dire les miens, réagirent de la même façon, du moins avant que je ne mette mon grain de sel. On ne saura jamais, hélas, qui émonda le texte de Jankélévitch, faisant disparaître « l'universelle amnistie morale », laquelle, devenant parfois amnésie sous sa plume, n'a pourtant pas perdu de terrain depuis 1971. On ne saura pas davantage qui changea le « nous » en « tous ». Le scribe, sans doute, ou un conseiller empressé à ménager les responsables allemands, persuadé, à la différence de Jankélévitch et de quelques autres, qu'il s'est écoulé assez de temps depuis la guerre pour qu'ils bénéficient de la prescription, celle-là même que certains Allemands refusent à la Pologne en lui cherchant noise à propos des territoires qu'elle a récupérés à leurs dépens en 1945 et en mettant sur le même plan les souffrances infligées aux Polonais pendant la guerre et celles que connurent ensuite les populations allemandes déplacées.

Les intentions de Chirac ne sont pas en cause ici, mais son langage. Il le pressentit devant le Livre d'Auschwitz. Se rendant compte que les coupables manquaient dans la citation erronée et tronquée de Jankélévitch, il se retourna vers l'adversaire dans son invitation à la vigilance, mais vers un adversaire une nouvelle fois innommé. Il eut toutefois le bon esprit de ne pas nous rejouer la musique du *Never again*. Il promettait de monter la garde ; il tient parole. Je ne dissimulerai pourtant pas que cette partie aussi de son inscription me laisse sur ma faim. La « vigilance », dont s'ornent si volontiers les discours officiels, n'est pas toujours suivie d'effet, et « lieu de mémoire » est devenu un lieu commun.

De lieu de mémoire à « devoir de mémoire », familier à nos dirigeants, prisé de nos contemporains, il n'y a pas loin. Comme « soyez spontanés », cette injonction est à double contrainte. La mémoire, individuelle toujours, involontaire souvent, ne relève pas du devoir, l'oubli non plus. Pour l'historien, elle est constituée des témoignages oraux de gens que l'on n'a pas obligés à se souvenir. Primo Levi, qui consacra une grande partie de sa vie après Auschwitz à se souvenir, nous prévient dans *Les naufragés et les rescapés* : « Ce livre est pétri de mémoire, et qui plus est, d'une mémoire lointaine. Il puise donc à une source suspecte et doit être défendu contre lui-même. »

Entre le « *Remember* » de *Vingt ans après*, entendu par Athos sous l'échafaud de Charles Stuart, et le « devoir de mémoire », quel recul, quelle concession aux pédagogues dévots et inactifs ! Chez Dumas, « *Remember* » met en marche des justiciers contre des bourreaux. Le « devoir de mémoire » ne met en marche personne, au contraire de ce que réclamait Jankélévitch quand il se récriait : « Que vient-on nous parler d'oubli et de pardon ? » À l'oubli, il opposait la mémoire ; au pardon, l'expiation. Expiation et mémoire n'allaient pas l'un sans l'autre. Séparé du second terme, le « devoir de mémoire » dépose le fardeau sur ceux-là seuls qui se souviendront. Devant le Livre d'Auschwitz, il fait geler l'encre dans les stylos.

Pour les Juifs, le devoir de mémoire fut autrefois un châtiment durable. Quevedo le décrivit mieux que personne dans son *Imprécation contre les juifs* : « De saintes paroles assurent que si l'Église, les empereurs, les rois et les princes souffrirent que les juifs vivent entre eux et parmi les chrétiens, ce fut afin que ces juifs vivent comme en captivité pour toujours, conservant aux hommes le souvenir qu'ils appartiennent à la lignée de ceux qui crucifièrent le Christ. » Selon cette justification de l'antisémitisme, les Juifs se trouvèrent condamnés à un devoir de mémoire. Leur survie eut pour fonction politique et morale de perpétuer le souvenir de leur crime. Les responsables d'Auschwitz ne subirent pas un châtiment comparable.

À l'inverse, on incite souvent aujourd'hui le commun des mortels à un devoir de mémoire collective aussi sacré, sinon plus, que la recherche de la vérité. À cela, Pierre Vidal-Naquet répondit un jour, très choqué, dans une émission de télévision, qu'« être historien, c'est savoir qu'il n'existe ni mémoire pure ni vérité pure », qu'il n'est jamais possible de communiquer que « des fragments de mémoire et des fragments de vérité », et que la tendance juive qui réclame transmission de « la mémoire du judaïsme assassiné » observe « une attitude typiquement religieuse », donc peu utile à l'historien.

Considérons les signataires du Livre du souvenir d'Auschwitz réunis dans le présent opuscule. On dénombre parmi eux un chef de guerre (de Gaulle) ; des combattants (Chaban-Delmas) ; des hommes qui avaient l'expérience de la guerre, mais qui nous cachaient quelque chose (Mitterrand, Waldheim) ; d'anciens détenus (Wiesenthal) ; des gens qui comme nous croyaient savoir en gros ce qui s'était passé à Auschwitz et qui ensuite, peut-être, se renseignèrent davantage ; certains dont les graffiti font supposer que la visite du camp leur révéla presque tout ; quelques-uns qui tirèrent parti de leur visite dans un but politique (Castro, le Syrien, Raïssa Gorbatcheva, Shimon Peres, Helmut Kohl) ; d'autres pour lesquels Auschwitz fut un mythe autant qu'une réalité (Rol Tanguy) ; ceux enfin qui prêchèrent pour leur paroisse au sens religieux du terme (Balladur et le Dalaï-Lama). Bien embarrassé celui qui devrait choisir entre leurs graffiti, ou leurs silences, pour illustrer le devoir de mémoire. Et que penser du graffiti qui va suivre, le dernier de ma liste ?

Conformément à une tradition polonaise désormais bien établie, le président Aleksander Kwasniewski n'écrivit rien dans le Livre le 13 septembre 1996. Mais sa femme, préparant sa visite comme j'avais préparé celle de Chirac, et ne souhaitant pas faire preuve de moins d'indépendance que Raïssa Gorbatcheva, avait noté le 2 juillet 1996, en s'inspirant d'une formule consacrée :

« Chaque fois que je reviens à Auschwitz, il me semble incroyable que des êtres humains aient réservé un tel sort à d'autres êtres humains. »

Ce qui, on en conviendra, ne constituait pas une vigoureuse condamnation de l'oubli. Et comme si, à travers cette jeune femme à demi dégagée du communisme, l'avenir se défendait des morsures de la mémoire, elle ajouta :

« Comme c'est magnifique d'être née dix ans après la fin de la guerre. »

Avec une ingénuité, une franchise, un égoïsme juvéniles dont on ne retrouvera pas de sitôt l'équivalent, Mme Kwasniewska nous servit là de quoi entretenir longtemps notre scepticisme. Insouciante et volage elle était avant sa visite à Auschwitz : insouciante et volage elle demeura.

Juste avant Chirac, le ministre hollandais de la Justice, puis des parlementaires croates avaient signé le Livre du souvenir.

Peu de temps après Chirac, à un petit mois de distance l'un de l'autre, on me signala les traces du président de l'Union indienne et du président du Sénat du Pakistan, deux pays sur le point de s'intimider bientôt par des essais nucléaires. Ne soulignons là aucune contradiction. Les signataires provenant de l'ex-Yougolavie abondent au sein du Livre, et c'est dans leur ancienne fédération que les pires horreurs en Europe, depuis la Deuxième Guerre mondiale, ont été commises.

* *
*

Je quittai la Pologne en 1997. Je n'y suis pas retourné depuis. Si je compulsais de nouveau le Livre d'Auschwitz, j'y recueillerais à coup sûr des graffiti dignes de figurer dans le présent opuscule auquel je regrette fort de mettre un terme, car, à plusieurs reprises, j'éprouvai la sensation d'y toucher du doigt l'engrenage mystérieux qui conduit au livre infini. Admettons que j'aie composé une version provisoire d'un tel livre, qui mériterait l'adjectif « infini » par la variété des auteurs qui l'ont écrit ensemble à leur insu, et par le caractère insondable du malheur auquel ils sont venus, à Auschwitz, se confronter. Qualifierons-nous aussi d'infini l'écart qui sépare leurs pauvres petits graffiti de ce malheur ?

Presque tous choisirent de se comporter en personnes de bonne compagnie, polies et bien élevées, par égard pour les lieux où ils se trouvaient (Auschwitz et la Pologne), par égard aussi, souvent, pour les fonctions qu'ils exerçaient ou espéraient exercer un jour. Leurs velléités, s'ils en eurent, d'exprimer vraiment ce qui soulevait leur cœur se trouvèrent ainsi contrariées par une prudence diplomatique dont je resterai à jamais inconsolable. Aucun graffiti de mon inventaire, pas même celui de Kohl, n'affirme sans ambages que les exterminations furent commises par des Allemands, avec le concours forcé de nombreux détenus. Nos auteurs, selon leur idéologie, accusent le mal, le capitalisme, le fascisme, les nazis. Ou bien, comme Shimon Peres, ils n'accusent personne. Jamais ils ne soulignent, jamais ils ne sous-entendent la culpabilité allemande. Seule exception : Helmut Kohl, dans son premier graffiti. Lui ne peut éviter de reconnaître cette culpabilité, mais il le fait en des termes qui paraissent l'atténuer. Le phénomène, dans le Livre et hors du Livre, est si généralisé qu'il en devient inquiétant. Même Claude Lanzmann, lorsque, dans *Shoah*, il questionne ses témoins, préfère le mot « nazi », alors que ceux qui lui répondent préfèrent le mot « allemand ». Au début de son film et de son livre, il y a souvent « nazi » dans la question et « allemand » dans la réponse. Ce n'est qu'à la fin que le mot « allemand » semble l'emporter. « Allemand » est le dernier mot de l'ouvrage. Ceux qui le prononcent savent qu'en effaçant le nom des bourreaux, on a moins de mal à faire oublier les victimes.

Le mot « juif » n'apparaît guère non plus dans mon inventaire. On le trouve dans le premier graffiti d'Helmut Kohl, mais pas dans celui de Shimon Peres, qui, tout comme Jean Paul II invoquait le peuple d'Abraham, préfère, en homme de gouvernement, parler du « peuple d'Israël ». Il serait évidemment injuste de reprocher à Jacques Chirac, comme à George Bush, de citer un auteur juif sans signaler qu'il l'est. Il reste que leur procédé relève de l'allusion.

Étrangement, des termes que l'on croirait inévitables, dans un vaste échantillon de signataires, n'apparaissent jamais. « Chambre à gaz », « four crématoire », « acide cyanhydrique », « potence » et autres instruments précis de la mort dans les camps, sont absents de nos graffiti. À leur place, on trouve au mieux « l'ignominie hitlérienne », « les massacres », « des maux » (le Dalaï-Lama) ou « des souffrances » (Helmut Kohl) « inimaginables » – l'extermination n'étant nommément désignée que par Shimon Peres. Au pire, on rencontre « ce que j'ai vu », « ce qui a été » et même « cela », par quoi Leo Tindemans évita de se creuser la cervelle et flirta sans finesse avec le « *never again* » de Jane Fonda. Les signataires oublièrent-ils donc que l'euphémisme fut, dans les camps d'extermination, une des armes principales de l'ennemi, passé maître dans cet art ? Deux anciens détenus se souviennent, dans *Shoah*, qu'il leur était interdit de prononcer les mots « mort » ou « victime », et que les Allemands leur imposaient de nommer les corps humains : marionnettes, poupées ou chiffons. La « petite maison blanche » et la « petite maison rouge » furent à Auschwitz des chambres à gaz provisoires. Et l'on sait ce que signifiait, sur la petite maison rouge, l'inscription « douches », et que les Allemands appelaient « traitement spécial » *(Sonderbehandlung)* une extermination de détenus, et que les *Sonderkommandos* étaient ces groupes de détenus juifs, régulièrement anéantis, forcés de dégager les cadavres des chambres à gaz, de leur raser les cheveux, de leur extraire les dents et de les incinérer. Et l'on sait aussi que, dès l'origine, l'extermination massive des Juifs fut désignée par un euphémisme : « la solution finale ». De tous ces euphémismes, les héritiers des nazis jouent encore. Ils s'en servent pour nier ce qui a eu lieu. Les futurs auteurs de graffiti d'Auschwitz feraient bien de se souvenir que, comme le souligna Pierre Vidal-Naquet, « c'est une pratique révisionniste fondamentale que de se refuser à distinguer entre les mots et la réalité ».

* *
*

Hélas, le lecteur n'a pas besoin de m'entendre soupirer pour comprendre que l'acte d'écrire n'est qu'en apparence le souci de nos auteurs de graffiti. Aucun écrivain survivant des camps ne semble avoir exercé sur eux son influence. Maudits écrivains qui troublent les politiques, qui les laissent désemparés. Ouvrant le colloque *Mémoire juive, mémoire polonaise,* Simone Veil annonce en jargon professoral : « Primo Levi est une référence incontournable. » Les deux jours qui suivent, ni elle ni personne ne risquent la moindre allusion à l'auteur italien.

Les écrivains auraient-ils mauvaise presse à Auschwitz ? Dans les pages du Livre que j'ai examinées, je n'ai rencontré la signature d'aucun d'entre eux, ce qui signifie, ou bien que les rares qui furent invités à écrire ont préféré se dérober, soit par pudeur, soit par crainte de ne pas faire mieux, la plume à la main, que les vedettes de la politique, du sport et de la scène qui les avaient précédés, ou bien, ce qui me paraît plus probable, que le Livre n'a été présenté à aucun écrivain. Si quelque chercheur, un jour, la confirmait, cette réticence ne manquerait pas de signification. Il faut du talent pour écrire, de ce talent qui est, selon Proust, « une sorte de mémoire ». Le refuser, l'écarter du Livre, c'est renoncer à la mémoire que l'on prétend poursuivre, et lui préférer le musée.

Celui d'Auschwitz-Birkenau qui fut montré à nos signataires, malgré certains défauts évoqués plus haut, ne semble les avoir offusqués en rien. Plus surprenant : le terme si incongru de musée, à les lire, ne les a pas du tout gênés. Ils se laissent docilement conduire, nos dirigeants, nos vedettes, comme de bons élèves aux séances de travaux pratiques. Ils enregistrent, ils prennent intérieurement des notes, mais, à part quelques indisciplinés du fond de la classe, comme Fidel Castro ou ce Syrien dont le lecteur a oublié le nom, ils ne se livrent à aucune comparaison. Ils ne se permettent aucun écart. Ils sont à tel point civilisés qu'ils ne savent exprimer ce qui, à leurs yeux, ne l'est pas, mais qui imprègne notre culture depuis ses origines : « Nous portons des sacs de ciment, se lamente Borowski, nous posons des briques, des rails, nous clôturons le terrain, nous tassons la terre [...]. Nous jetons les fondements de je ne sais quelle civilisation nouvelle monstrueuse [...]. Quels crimes effroyables que les pyramides d'Égypte [...] ! Combien de sang a dû couler sur les routes de Rome [...] ! Cette Antiquité n'était qu'un immense camp de concentration [...]. Tu te souviens comme j'aimais Platon. Aujourd'hui, je sais qu'il mentait. Car le monde terrestre ne reflète pas un idéal, mais le travail pénible, sanglant, de l'homme... » Pénible ? Voici encore : « J'ai conduit une extrémité (des rails) au tas d'os brûlés apportés par camions du crématoire, et j'en ai noyé une autre dans l'étang où tous ces os finissent par aboutir. » Borowski appartint à une organisation de résistants du camp de Birkenau. Dans son livre, il sourit méchamment d'avoir effrayé un détenu juif en évoquant sa prochaine sélection pour la chambre à gaz et s'éloigne du pauvre homme « en fredonnant un tango à la mode, celui du crématoire ». Son éditeur français, audacieux mais inquiet, crut bon de nous avertir en ces termes : « Dans le texte de Borowski, le caractère extrême du monde concentrationnaire est tel que les pires sentiments qui lui servent de fondement (xénophobie, antisémitisme, racisme) se retrouvent chez ses victimes mêmes, les déportés. Il importe que le lecteur replace ce paradoxe douloureux dans le contexte. »

La plupart de nos auteurs de graffiti ne s'embarrassent ni de paradoxes ni d'un contexte. Et d'un texte, rarement. Tout à leur inscription, ils ne voient pas les autres. Une pourtant leur crève les yeux. Elle s'étale à deux pas du Livre qu'on leur tend : *Arbeit macht frei*. Aucun n'est tenté de s'y intéresser. Dans un opuscule consacré à des inscriptions, je ne me permettrai pas de laisser passer celle-ci sans commentaire. On a jugé cynique ce slogan en allemand. Et sans aucun doute, il l'est, placé où il demeure aujourd'hui. Mais cynique en soi, il ne l'était pas pour ses inventeurs de l'I.G. Farbenindustrie, qui n'avaient pas eu besoin des S.S. pour en décorer leurs usines. Il n'est pas sûr qu'il le fut pour ceux qui plus tard l'installèrent à l'entrée des camps, ni pour les créateurs du musée d'Auschwitz, ni pour tous les signataires du Livre.

À Borowski, il inspira ces quelques mots : « Sur la grille à l'entrée du camp, des lettres de fer entrelacées disent : *Arbeit macht frei*. Ils doivent y croire, ces S.S. et ceux des détenus qui sont allemands. Ceux qui ont été formés par l'étude de Luther, Fichte, Hegel et Nietzsche… »

Primo Levi aussi, dans *Si c'est un homme*, s'arrêta sur cette inscription, sans la déclarer cynique ni ironique : « Le voyage ne dura qu'une vingtaine de minutes. Puis le camion s'est arrêté et nous avons vu apparaître une grande porte surmontée d'une inscription vivement éclairée (aujourd'hui encore, son souvenir me poursuit en rêve) : ARBEIT MACHT FREI, le travail rend libre. »

Si aucun de nos graffiti ne discute la grande inscription, c'est peut-être que les signataires croient aussi que le travail c'est la liberté, qu'ils jugent seulement l'inscription déplacée à Auschwitz. Aucun ne semble s'être demandé s'il n'y manquait pas, après le mot « travail », un adjectif comme « individuel » pour qu'elle devînt acceptable partout, en même temps qu'impossible à l'entrée du camp.

* *
*

Pour les contrarier, accordons-nous un détour vaste, mais direct, comme dirait Jean-Luc Godard. Un détour par quelqu'un qui n'a jamais visité les camps, par un Polonais qui s'absenta de l'Europe à la veille de la guerre et n'y revint, de Buenos Aires, que vingt ans après: Witold Gombrowicz. De mai 1963 à mai 1964, il séjourne à Berlin Ouest. Pour lui qui déteste avoir l'air présentable, le choc est rude. Peu habitué au bien-être, le voici pour un an dans la vitrine de l'Occident, un îlot de richesse et de confort encerclé par le marécage communiste. Il a une soixantaine d'années. Sa santé est fragile. En moins de cent pages de son *Journal Paris-Berlin*, il se met à dos les bien-pensants de l'Allemagne capitaliste et de la Pologne communiste.

Il décrit les Allemands comme des « habitués aux victoires : à l'usine, à la guerre, face à la solution de tout problème ». Il les découvre possédés par leurs mains : « Mains criminelles ? Jamais de la vie ! Toutes neuves, et innocentes... Neuves assurément, et pas les mêmes, et pourtant, et cependant semblables... » Les jeunes ? Le récent passé ne leur était plus rien. « L'Autre réalité n'était plus du tout leur affaire. » Ils appartenaient à une « génération qui semblait quasiment née de personne [...], suspendue dans le vide, – sauf les mains, car enchaînée à ses propres mains, des mains qui, à vrai dire, n'étaient plus occupées à tuer, mais à établir des graphiques, des barèmes, à résoudre des problèmes de fabrication et de production. Et riches avec ça... ».

Ce ne sont pas encore ces Allemands-là qui signent le Livre d'Auschwitz, mais ça viendra. Et de même qu'il aura fallu attendre trente-sept ans pour que la Ve République nous donne, avec Chirac, un président qui n'avait exercé aucune fonction, joué aucun rôle sous le régime précédent, de même aux environs de 2005-2010 verra-t-on, si les choses tournent bien ou mal, selon les opinions, un ancien de mai 68 écrire dans le même Livre que, tout compte fait, les S.S. n'étaient que des C.R.S. perfectionnés et pourvus de moyens adéquats. Jospin, en récrivant à son usage l'histoire de l'affaire Dreyfus, puis en demandant pardon, a tracé la voie de ce futur élu du peuple.

Gombrowicz ne récrit pas l'histoire. Il la joue. Les psychodrames nationaux ne l'intéressent pas. Les discussions politiques, pas davantage. Il préfère désarçonner ses interlocuteurs pour surprendre leurs réactions et comment lui, après, il réagira. Le voici face au mur de Berlin devant lequel on vient d'abattre un jeune Allemand qui tentait de s'évader. Question de Gombrowicz : « Ainsi, c'est quand même d'Histoire qu'il s'agit là ? » Réponse de Gombrowicz : « Eh non, à Berlin, ce n'est pas cela qui menace, mais bien le paisible train-train des activités de chaque jour, ce qui ici est démoniaque, c'est le normal, le détail. »

Anti-Allemand, Gombrowicz ? Pas le moins du monde. Il découvre l'Allemand « condamné aux Allemands » et il nous suggère de l'aider à se tirer de là, de lui donner un coup de main. Malheureusement, personne ne l'écoute, surtout pas nos auteurs de graffiti. L'Europe entière lui semble « un cheval qui, de son plein gré, glisse sa tête dans le harnais… si humbles, filant si doux, débordant de la meilleure volonté envers toute théorie, et si constructifs, si positifs et méthodiques, si cérébraux qu'ils étaient tous… Ah, quel désert ! ».

Une Polonaise vient de Cracovie s'entretenir avec lui. Il lui expose que, sous Hitler, le peuple allemand n'a pas trahi ses vertus, mais les a suivies « jusqu'au bout de la nuit ». Comme elle se déclare mieux informée pour avoir subi l'occupation allemande en Pologne, tandis que Gombrowicz se prélassait en Argentine, le Maître proteste qu'après avoir tant souffert, les Polonais ne sont peut-être pas les mieux qualifiés pour analyser « la psychologie germanique avec le sang-froid et l'objectivité voulus » : une « montagne de cadavres » les empêche « de *voir* les Allemands ». Ces paroles ayant été rapportées de manière à le confondre, la presse du national-communiste Gomulka, aiguillonnée par Moczar, en déduisit que Gombrowicz minimisait honteusement les crimes commis en Pologne et le qualifia d'« homme dépourvu de toute conscience morale ».

Gombrowicz n'eut évidemment cure de ces remontrances. Dans le *Journal Paris-Berlin*, se gardant de l'Ouest comme de l'Est, il s'attaqua, pour la première fois, à Sartre : « Libres, nous, victimes, martyrs, esclaves jusqu'au cou enfoncés dans la maladie, les vices, les passions, […] toujours forcés au travail, éprouvant la peur, et toujours ahuris, affairés ? Depuis le point du jour jusque tard dans la nuit, nous sommes soumis au plus ignoble des esclavages… » La proclamation sartrienne de la liberté, c'est une provocation, « c'est un peu comme si […] la fumée montant des décombres et des fours crématoires avait tracé dans l'air le nom de la Liberté ». Ainsi Gombrowicz riposta-t-il au slogan *Arbeit macht frei* comme nul coauteur du Livre d'Auschwitz, de l'Est, de l'Ouest ou du tiers-monde, n'a encore osé le faire à ce jour.

* *
*

Paul Valéry, qui s'y entendait en inscriptions, ainsi qu'en oraisons funèbres, faisait bien de s'en rapporter au jugement de Stendhal: «Ces hommes importants, si nécessairement associés à la bonne marche des affaires, sont nuls et muets devant l'imprévu.» À moins qu'eux-mêmes ne se révèlent imprévus. Ainsi de Gaulle. Le seul des graffiti d'Auschwitz qui ait fait couler un peu d'encre en dehors de mon opuscule, c'est le sien. Le lecteur se souvient qu'il écrivit: «Quelle tristesse! quel dégoût! et, malgré tout, quelle espérance humaine!»

Avec ce «dégoût», voici enfin une expression personnelle, un cri du cœur. Voici enfin l'irruption du «je», dans une affirmation qui ne relève ni du mot d'ordre, ni de la promesse politique. Ce dégoût est si net, si tranchant, qu'il nous restituerait presque un visage, en gros plan, et tout le caractère avec. Il ne masque rien. Il n'est le masque de rien. C'est le mot de quelqu'un qui sait de quoi il retourne, qui ne prend pas la mort avec des pincettes[1]. Ce que j'avance là est tellement vrai que de Gaulle, dans mon recueil de graffiti, est le seul qui rature, qui ne voit pas en quoi une rature pourrait le trahir. Il se livre tel qu'il est. Pas comme Jane Fonda. Sur la photo de celle-ci que diffusa *L'Express*, Jean-Luc Godard et Jean-Pierre Gorin auraient souhaité extirper du flou le visage du révolutionnaire vietnamien placé en retrait derrière l'actrice, car «un long passé de luttes est inscrit cruellement [...] sur ce visage [...] qui a déjà conquis l'indépendance de son code de communication». De Gaulle, avec son dégoût, démontre l'indépendance du sien. Les professionnels de la communication en déduisent qu'il perd les pédales.

Godard et Gorin auraient également voulu, sous la photo de Jane, cette légende: «Au Vietnam, je suis gaie, parce que malgré les bombes il y a de l'espoir pour la révolution; en Amérique, malgré le progrès financier, je suis triste, parce que l'avenir est bouché.» On ne peut pas être assuré que de Gaulle soit triste malgré le progrès financier, en septembre 1967, bien qu'il n'ait pas encore réussi à se débarrasser de Pompidou. Mais l'espoir malgré les bombes, il connaît. Il sait aussi que «guerre et paix» n'est pas exactement syno-

1. Dans *L'Enfer de Dante* (Fata Morgana, 1991), Edmond Jabès écrit qu'à Auschwitz, le martyre eut lieu «sous les yeux épouvantés de la mort, elle-même, tombée si bas que, pour la première fois, elle connut le dégoût».

nyme de « mal et bien ». En 1944, après la libération de Paris, il exigea, contre l'avis de beaucoup de Français, que la France poursuivît la guerre. Les Allemands évacuèrent le camp d'Auschwitz, et les Soviétiques y pénétrèrent, pendant la période où l'armée française combattit en Allemagne aux côtés des armées alliées. Ainsi cette armée contribua-t-elle à faire cesser l'extermination. On ne saurait prétendre, à l'inverse, que ceux qui souhaitaient arrêter les combats servaient les intérêts des prisonniers.

Si de Gaulle avait lu, à Auschwitz, les graffiti de Rol Tanguy et de Maurice Schumann, il aurait été bien surpris. « Lutter contre la guerre et pour la paix entre les peuples », réclame le premier ; « apprendre à détester sans défaillance la guerre », ânonne le second. Les fallait-il bien endoctrinés, ces deux-là, par leurs idéologies respectives, pour ne plus voir que les camps d'extermination et la guerre furent deux choses distinctes ! Observant qu'en 1944, dans une guerre devenue pour eux défensive, les nazis faisaient passer les « convois de victimes à envoyer aux chambres à gaz ou à évacuer des Lager proches du front », avant les trains militaires, Primo Levi met les points sur les *i* : « Auschwitz n'a rien à voir avec la guerre, il n'en constitue pas une étape, il n'en est pas une forme outrancière. »

C'est parce qu'il le sait que de Gaulle, à Auschwitz, peut écrire, sans blasphémer : « Et, malgré tout, quelle espérance humaine ! » Cette exclamation fit sursauter bien des journalistes auxquels on avait enseigné qu'elle ne comptait pas parmi les expressions admises en un tel lieu. L'espérance au fond du mal radical n'est pas toujours bien vue. L'Agence France-Presse nous informa que de Gaulle avait écrit « quelles expériences humaines ». Jean Mauriac rapporte qu'il ne put rectifier que trois heures plus tard, depuis Katowice. Jean d'Escrienne, approuvé semble-t-il par Jean Lacouture, jugea que l'exclamation gaullienne « ne convenait guère à la circonstance ». Il aurait été si commode, si conforme aux rites officiels, en un Livre du souvenir destiné aux archives, de s'en tenir à l'indignation convenue.

De Gaulle fut bien le seul, dans ce livre étrange, à susciter la désapprobation. Bien que deux mois seulement séparent son graffiti d'une célèbre mise en garde à « un peuple d'élite, sûr de lui-même et dominateur », le peuple d'Israël, il semble annoncer la troublante observation d'André Neher : « Auschwitz [...] est un retour au chaos» ; or, c'est du chaos que le monde est né. «De l'*Échec* d'Auschwitz a jailli l'*Espérance* [...], [celle] de Jérémie qui, dans l'écroulement chaotique du monde, voit soudain surgir la Genèse.»

* *
*

En avons-nous essuyé des pleurs de politiques penchés sur les tombes, ou sur ces stèles sans tombes que sont les pages de notre Livre du souvenir ! En 1945, Czeslaw Milosz, se voyant en pensée dans les décombres de Varsovie, résista à la tentation :

Suis-je fait [...]
Pour être une pleureuse funèbre ?
Je veux chanter les festins,
Les bosquets joyeux
Où me menait Shakespeare. Laissez
Aux poètes un instant de joie,
Ou votre monde est perdu...

Vous imaginez la stupeur qu'eût provoquée une telle inscription dans le Livre d'Auschwitz ! La certitude de Milosz que «des vers sereins écrits au sein de l'horreur [...] sont une révolte du corps contre son anéantissement», n'est pas très répandue. Malheureusement, les poètes ne sont guère invoqués dans ce Livre. Aucun des graffiti de mon inventaire n'invite à se remémorer le moindre vers de Robert Desnos, qui à Auschwitz ravivait l'espoir de ses camarades en lisant dans leurs mains, ou de Dante, dont Primo Levi raconte, dans *Si c'est un homme*, comment il s'efforça d'expliquer en français, à un compagnon de corvée, «le chant d'Ulysse» : *ma misi me per l'alto mare aperto*[1]. La plupart de nos auteurs de graffiti trouvent plus expéditives et plus sûres, plus adaptées aux circonstances, les pensées toutes faites, les formules éprouvées, les bonnes résolutions. Éloquents d'habitude, lorsque rien ne les prend au dépourvu, trop impatients toutefois de dissocier l'ombre de la lumière, car c'est de celle-ci seulement qu'ils se recommandent, ils ne craignent pas de se montrer aussi désemparés devant l'innommable que, devant la planche nº 43

1. «Mais je me mis par la haute mer ouverte» : *L'Enfer*, chant XXVI, GF-Flammarion, 1992 (traduction de Jacqueline Risset).

des *Caprices* de Goya : *El sueño de la razón produce monstruos,* le traducteur qui hésite entre des monstres engendrés par le songe de la raison, ou par son sommeil.

* *
*

Dépourvu d'illustrations des horreurs qui l'ont inspiré, le recueil de graffiti d'Auschwitz est depuis sa naissance un monument de papier rongé par le temps, celui qu'il traverse et celui dont il traite, ainsi que par l'oubli qui menace la plupart de ses signataires. Son caractère provisoire nous invite mystérieusement à le respecter. On ne saurait prévoir ce qu'il nous réserve encore. Comme tout livre de ce type, il vit en perpétuelle gestation. Personne ne peut le lire, le parcourir, en lui assignant le moindre terme. Aussi longtemps que durera la volonté d'imprimer au souvenir d'Auschwitz un cachet officiel, des volumes s'ajouteront aux volumes déjà remplis de ce Livre. Il est vraisemblable que, dans un avenir pas très éloigné, les diplomates hésiteront à prier un émissaire aussi scrupuleux que je le fus (il s'en trouvera pour observer que je le fus un peu trop) de vérifier les graffiti antérieurs à celui, proche de naître, du chef d'État ou de gouvernement qu'ils auront mission d'aider à réussir son voyage en Pologne. Le moment est proche aussi où les formules émues, repenties, roboratives utilisées là seront épuisées, ainsi qu'il arrive aux marbres d'une carrière. L'on protègera les anciens graffiti d'Auschwitz de la mauvaise haleine des ministres avec autant de soin que les peintures rupestres de Lascaux, et l'on se résignera à laisser gouvernants et artistes reproduire à leur insu ce que d'autres écrivirent avant eux, à mouiller leur plume de l'encre de prédécesseurs inconnus, admirés ou détestés. La page blanche, pas forcément coupable, ne serait pas loin si je faisais trop d'émules. Nous serions quelques-uns à le regretter.

INDICATIONS BIBLIOGRAPHIQUES

Abecadlo Milosza (*Abécédaire de Milosz*), Wydawnictwo Literackie, Cracovie, 1997

Myriam Anissimov, *Primo Levi ou la tragédie d'un optimiste*, Jean-Claude Lattès, 1996

Auschwitz, camp de concentration et d'extermination, Éditions du musée d'Auschwitz-Birkenau, Oswiecim, 1994

Édouard Balladur, *Des modes et des convictions*, Fayard, 1992

Pere Bonnin, *Sangre judía*, Flor del Viento Ediciones, Barcelona, 1998

Tadeusz Borowski, *Le monde de pierre*, Christian Bourgois, Bibliothèque Lettre Internationale, 1992

Jacques Chaban-Delmas, *Mémoires pour demain*, Flammarion, 1997

Bernard Cohen et Luc Rosenzweig, *Le Mystère Waldheim*, Gallimard, 1986

Peter Collier, *Les Fonda*, Jean-Claude Lattès, 1991

Pascale Froment, *René Bousquet*, Stock, 1994

Charles de Gaulle, *Mémoires de guerre*, Plon, tomes II et III (1956 et 1959)

Philippe de Gaulle, *Mémoires accessoires 1921-1946*, Plon, 1997

Witold Gombrowicz, *Journal Paris-Berlin*, Christian Bourgois, 1968

Ramón Gómez de la Serna, *Los Muertos y las Muertas*, Espasa-Calpe, collección Austral, Madrid, 1961

Raul Hilberg, *La destruction des Juifs d'Europe*, Fayard, 1988

Vladimir Jankélévitch, *L'imprescriptible*, Le Seuil, 1986

Horst Krüger, *Un bon Allemand*, Actes Sud, 1993

Jean Lacouture, *De Gaulle*, tome 3, Le Seuil, 1986

Claude Lanzmann, *Shoah*, Gallimard, 1998

Annie Le Brun, *Soudain un bloc d'abîme, Sade*, Gallimard, Folio, 1993

Claude B. Levenson, *Le seigneur du lotus blanc – Le Dalaï-Lama*, Lieu Commun, 1987

Primo Levi, *Si c'est un homme*, Julliard, 1987

Primo Levi, *Les naufragés et les rescapés – Quarante ans après Auschwitz*, Gallimard, Arcades, 1989

Mémoire juive, mémoire polonaise, Institut Français de Cracovie – C et D International Editors, Cracovie, 1996

Pierre Messmer, *Après tant de batailles… Mémoires*, Albin Michel, 1992

Gérard Michaud (pseudonyme de Michel Seurat), *La Syrie ou l'État de barbarie*, revue *Esprit*, novembre 1983

Czeslaw Milosz, « *À Varsovie* », traduction de François Piel, dans *Poèmes 1934-1982*, Luneau Ascot, 1984

François Mitterrand, *Mémoires interrompus*, Odile Jacob, 1996

André Neher, *L'exil de la parole – Du silence biblique au silence d'Auschwitz*, Le Seuil, 1970

Jean Paulhan et Monique Saint-Hélier, *Correspondance 1941-1955*, Gallimard, 1995

Pierre Péan, *Une jeunesse française – François Mitterrand, 1934-1947*, Fayard, 1994

Edgar Allan Poe, Poètes d'aujourd'hui n° 39, Seghers, 1973 (traduction du *Corbeau* par Jean Rousselot)

Eduard Pons i Prades, *Morir por la libertad : Españoles en los campos de exterminio nazis*, VOSA, Madrid, 1995

Francisco de Quevedo, *Execración contra los judíos* (1633), Crítica, Barcelone, 1996

Résistance et Mémoire d'Auschwitz à Sarajevo, préface de Jacques Chaban-Delmas, Hachette, 1993

Denys Riout, *Le Livre du Graffiti*, Syros-Alternatives, 1990

Montserrat Roig, *Els Catalans als camps nazis*, préface d'Artur London, Edicions 62, Barcelone, 1979

Paul Valéry, *Stendhal*, dans *Variété, Œuvres I*, Gallimard, Bibliothèque de la Pléiade, 1992

Pierre Vidal-Naquet, *Les assassins de la mémoire*, La Découverte, 1987

Pierre Vidal-Naquet, *Les Juifs, la mémoire et le présent*, La Découverte, 1991

Simon Wiesenthal, *Justice n'est pas vengeance*, Robert Laffont, 1989

Librio
Le livre à 10 F

394

Composition Interligne B-Liège
Achevé d'imprimer en Europe
à Pössneck (Thuringe, Allemagne)
en juin 2000 pour le compte de E.J.L.
84, rue de Grenelle 75007 Paris
Dépôt légal juin 2000

Diffusion France et étranger : Flammarion